सारिका

काव्य-संकलन

सारिका

काव्य-संकलन

बी.ए.-बी.एससी. तृतीय सेमेस्टर के लिए

सम्पादक मण्डल

हिन्दी विभाग

केरल विश्वविद्यालय

वाणी प्रकाशन

वाणी प्रकाशन

4695, 21-ए, दरियागंज, नयी दिल्ली 110 002

शाखा

अशोक राजपथ, पटना 800 004

फ़ोन : +91 11 23273167 फ़ैक्स : +91 11 23275710

www.vaniprakashan.in
vaniprakashan@gmail.com
sales@vaniprakashan.in

SARIKA
Kavya -Sankalan
Edited by Hindi Vibhag, Kerala Vishwavidyalaya

ISBN : 978-93-87889-59-0

प्रथम संस्करण

मूल्य : ₹ 50

सिटी प्रेस, दिल्ली-110 095 में मुद्रित

वाणी प्रकाशन का लोगो मक़बूल फ़िदा हुसेन की कूची से

प्राक्कथन

केरल विश्वविद्यालय की ओर से कॉलेजीय स्तर की हिन्दी पाठ्य पुस्तकों को प्रकाशित करने की योजना के अन्तर्गत 'सारिका' का संकलन प्रकाशित किया जा रहा है। यह संकलन डिग्री के हिन्दी पाठ्यक्रम को ध्यान में रखकर तैयार किया गया है। हिन्दी के प्राचीन तथा आधुनिक काल के कुछ प्रमुख कवियों तथा उनकी कविताओं का संक्षिप्त परिचय देकर हिन्दी साहित्य की ओर विद्यार्थियों को आकृष्ट करना ही इसका मुख्य ध्येय है। पुस्तक चयन समिति की आशा है कि यह संकलन अध्यापकों और विद्यार्थियों को लाभदायक सिद्ध होगा।

हम उन कवियों तथा प्रकाशकों को हार्दिक धन्यवाद देते हैं, जिन्होंने इस संकलन में अपनी बहुमूल्य कविताओं को संकलित करने की अनुमति दे दी है।

तिरुवनन्तपुरम **सम्पादक समिति**

1-2-2018

अनुक्रम

भाग-2

लम्बी कविताएँ

हिन्दी कविता का विकास-क्रम

हिन्दी काव्यधारा के विकास को चार खण्डों में विभाजित किया गया है। प्रमुख इतिहासकार और आलोचक आचार्य रामचन्द्र शुक्ल ने साहित्य को जनमानस का संचित प्रतिबिम्ब मानकर साहित्य के इतिहास का काल विभाजन इस प्रकार किया है–

1. आदिकाल/वीरगाथाकाल
2. पूर्व मध्यकाल/भक्तिकाल
3. उत्तर मध्यकाल/रीतिकाल
4. आधुनिक/रीतिकाल

ये चार काल मूलतः हिन्दी कविता के इतिहास के भी काल हैं।

1. आदिकाल

युगविशेष में काल की विशेष प्रधान प्रवृत्ति को इतिहासकारों ने काल विभाजन का आधार माना है। जिस युग में, जिस विषय पर अधिक काव्य-रचना हुई है, उसके नाम पर युग का नामकरण दिया गया है। आदिकाल का युग संघर्ष का युग था। इसलिए इस युग की कविता में आवेश, प्रखरता, शौर्य, वीरता और ओजस्विता है। वीररस प्रधान रचनाओं की अधिकता के कारण 'आदिकाल' को 'वीरगाथाकाल' भी कहते हैं। चन्दबरदाई कृत *पृथ्वीराजरासो*, नरपतिनाल्ह कृत *बीसलदेवरासो* और अब्दुल रहमान कृत *संदेशरक्षक* उस समय के प्रमुख काव्य-ग्रन्थ हैं।

2. भक्तिकाल

आदिकाल के बाद हिन्दी काव्यधारा मध्यकाल में प्रवेश करती है। इस युग में भक्ति का स्वर ही मुखरित रहा इसलिए इसे 'भक्तिकाल' कहते हैं। वीरगाथाकालीन वीर रस प्रधान कविताओं से ऊबकर जनमानस भक्ति की ओर मुड़ा। मनुष्य मात्र की समानता, सहज साधना और प्रेम व त्याग से ही मनुष्य ईश्वर-प्राप्ति का अधिकारी बनता है।

निर्गुण भक्ति काव्य-धारा और सगुण भक्ति काव्यधारा इस युग की प्रमुख

धाराएँ हैं। निर्गुण के दो भेद हैं—ज्ञानमार्गी और प्रेममार्गी धाराएँ। उसी प्रकार सगुण के भी दो भेद हैं—कृष्ण भक्ति और राम भक्ति धाराएँ। महात्मा कबीर ज्ञानमार्गी धारा के प्रमुख प्रवर्तक और कवि माने जाते हैं। यह धारा एक ओर धर्म के सहज, सरल और आडम्बरविहीन रूप को प्रस्तुत करती है और दूसरी ओर हिन्दू-मुस्लिम एकता का प्रचार करती है। इसे सन्त साहित्य भी कहते हैं। इस धारा में रूढ़ियों और बहुदेववाद का विरोध किया जाता है। कबीर की बानियों के रूप में कबीर-पन्थियों में 'बीजक' की मान्यता है।

प्रेममार्गी धारा के प्रवर्तक मलिक मुहम्मद जायसी रहे हैं। उन्होंने ज्ञान की अपेक्षा प्रेम को प्रमुखता दी। (ईश्वर-साक्षात्कार का माध्यम बनाया) इसे 'सूफ़ी साहित्य' भी कहते हैं। जायसी कृत *पद्मावत* सूफ़ी साहित्य में रचित है। यह रानी पद्मिनी और रत्नसेन का सुन्दर प्रेमकाल है।

सगुण भक्ति में कृष्ण-भक्ति के प्रचार के लिए श्री वल्लभाचार्य ने पुष्टिमार्ग की स्थापना की। इनके पुत्र श्री विट्ठलनाथ ने अष्टछाप की स्थापना की। सूरदास अष्टछाप के प्रमुख कवि रहे हैं। उन्होंने श्री कृष्ण के बालरूप और रसिक-किशोर रूप का वर्णन कर अपने युग में फैले सारे संत्रास, नैराश्य और वैषम्य को देर करने का प्रयास किया है। *सूरसागर, सूरसारावली* और *साहित्य लहरी* सूरदास कृत प्रमुख कृतियाँ हैं।

रामभक्ति-धारा के अग्रणी कवि तुलसीदास हैं। उन्होंने सामाजिक जीवनक में फैले अनाचार को रोकने के लिए राम के ऐसे आदर्श रूप को प्रस्तुत किया है, जो व्यक्ति, परिवार, समाज और राजनीति में आदर्श रहे। जीवन के विरोधों में समन्वय का सन्देश देना तुलसीदास का ध्येय रहा है। उन्होंने दूसरों के सुख के स्थान पर 'स्वान्तः सुखाय' को कविता का प्रयोजन माना। कहते हैं—'स्वान्तः सुखाय तुलसी रघुनाथ-गाथा'। *रामचरितमानस, कवितावली, गीतावली* आदि उनकी प्रमुख कृतियाँ हैं।

3. उत्तर मध्यकाल/रीतिकाल

भक्तिकाल के अन्त में ही हिन्दी कविता में एक प्रकार की रसिकता और शृंगारिकता बढ़ने लगी थी। अकबर की नीति उत्पन्न सुरक्षा और आश्वस्ति के वातावरण में समाज के छोटे-बड़े राजाओं में विलास और आमोद-प्रमोद, सजावट, कलात्मकता आदि की वृद्धि हुई। इस काल को रीतिकाल, शृंगारकाल या कलाकाल भी कहते हैं। इस समय काव्य रचना के विविध रूपों, कला के अंगों, जैसे शब्द शक्ति, रस, अलंकार, छन्द, नायिका भेद, नख-शिख भेद आदि को लेकर काव्य रचनाएँ हुईं। इस युग में शृंगार के स्वर की प्रधानता रही। बिहारी जैसे रीतिसिद्ध कवियों

ने रीति अथवा काव्यांगों का विवेचन किया। *बिहारी सतसई* सात सौ से अधिक दोहों का संग्रह है, जो खूब ख्याति प्राप्त है। उन्होंने छोटे-छोटे दोहों में गम्भीर आशय भर दिया है—

> सतसैया के दोहरे, ज्यों नाविक के तीर,
> देखने में छोटे लगैं, घाव करैं गम्भीर

4. आधुनिक काल

आधुनिक काल हिन्दी काव्य-धारा का अगला विकास-चरण है। इसे नवजागरण काल भी कहते हैं। इस काव्य-धारा में भी आधुनिक हिन्दी कविता अनेक उपधाराओं में बँट जाती है। 'भारतेन्दु युग' के कवियों में भारतेन्दु हरिश्चन्द्र प्रबल रहे। इन्होंने इस युग को प्राणदान दिया।

सामाजिक, सांस्कृतिक और राष्ट्रीय जागरण का स्वर इस युग की कविता में है। जगमोहन सिंह, पं. बदरीनारायण, अम्बिकादत्त आदि का नाम उल्लेखनीय है।

महावीरप्रसाद द्विवेदी के नाम पर 'द्विवेदी युग' का नामकरण हुआ है। यह युग सांस्कृतिक और राष्ट्रीय आन्दोलन का रहा है। अहिंसा, सत्याग्रह, हरिजन-उद्धार, ग्राम सुधार, स्वदेशी आन्दोलन आदि का प्रभाव द्विवेदीयुगीन कविता में देखा जा सकता है। श्रीधर पाठक, रामनरेश त्रिपाठी, मैथिलीशरण गुप्त, अयोध्यासिंह उपाध्याय 'हरिऔध', माखनलाल चतुर्वेदी आदि इस युग के प्रमुख कवि रहे।

'छायावाद' ऐसी काव्यधारा है, जिसमें कवि प्राचीन परम्पराओं से मुक्त होकर अपने आन्तरिक ज्वार को नयी भाषाशैली में अभिव्यक्त करता है। समाज कवि की उपेक्षा करता है और इस निर्मम संसार से भागकर प्रकृति की गोद में जाता है। प्रकृति की छाया में कवि को ममता, प्रेम और आत्मीयता मिलती है। जयशंकर प्रसाद, सुमित्रानन्दन पन्त, सूर्यकान्त त्रिपाठी 'निराला' और महादेवी वर्मा इस काव्यधारा के चार स्तम्भ रहे हैं। छायावादी कविता में शक्ति, जागरण, वेदना और दुःख की अनुभूति है। चित्रभाषा, लाक्षणिकता, प्रतीकात्मकता और तन्मयता छायावाद की शैलीगत विशेषताएँ हैं। कामायनी, आँसू (प्रसाद), पल्लव, गुंजन (पंत), अनामिका, परिमल, तुलसीदास (निराला) यामा, दीपशिखा (महादेवी) आदि छायावाद की विशिष्ट कृतियाँ हैं। काल्पनिकता, प्रकृति-प्रेम, सुख-दुःख की समरसता आदि छायावाद की प्रमुख विशेषताएँ हैं।

छायावादोत्तर काल में एक नयी काव्य चेतना दिखायी पड़ती है। वैयक्तिकता और काल्पनिकता के स्थान पर सामूहिकता और सामाजिकता का प्रभाव पड़ने लगा था। इस 'प्रगतियुग' में हृदयवाद के स्थान पर यथान्योन्मुख बुद्धिवाद का विकास हुआ। प्रगतिवादी कवियों ने दीनों, दलितों, मज़दूरों, किसानों, खलियानों

और सड़कों के दुःख-दैन्य और पूँजीपतियों के शोषण का चित्रण किया है। रामेश्वर शुक्ल अंचल, मुक्तिबोध, नागार्जुन, केदारनाथ अग्रवाल, रामविलास शर्मा, शिवमंगल सिंह 'सुमन' आदि कवियों ने प्रगतिवादी काव्य को समृद्ध किया है।

ऐसी काव्य धारा जो कविता के क्षेत्र में नये-नये प्रयोग कर रही है और छायावादी-प्रगतिवादी कविता से हटकर नयी दिशाओं और नये क्षेत्रों का उन्मेष करती है, उसे प्रयोगवादी या नयी कविता कहते हैं। विषय के बजाय, वस्तु और भाषा के प्रयोग पर ज़ोर देने के कारण ये कवि प्रयोगवादी कहलाए।

प्रयोगवादी कवि अपनी बात सर्वथा नये ढंग से, नये अलंकारों, प्रतीकों तथा छन्दों के माध्यम से व्यक्त करते हैं। सन 1943 में *तार सप्तक* के प्रकाशन से अज्ञेय प्रयोगवाद को अस्तित्व में लाये। अज्ञेय का *हरी घास पर क्षण भर* एक अर्थ में आधुनिकता का और प्रयोगवाद का पहला ग्रन्थ है। अज्ञेय ने ही **दूसरा सप्तक, तीसरा सप्तक** और **चौथा सप्तक** प्रकाशित किया। इसमें मुक्तिबोध, नरेश मेहता, रघुवीर सहाय, गिरजाकुमार माथुर, केदारनाथ सिंह आदि की कविताएँ हैं। प्रयोगवाद का ही विस्तार नयी कविता है। स्वतन्त्रता के बाद के जीवन का मोहभंग और मनुष्य की स्थिति नयी कविता में विशेष रूप से अभिव्यक्त है। बातचीत की लय नितान्त समकालीनता और लघुमानव की प्रतिष्ठा इनकी विशेषताएँ हैं। रघुवीर सहाय, भवानीप्रसाद मिश्र, लक्ष्मीकान्त वर्मा, कुँवर नारायण, धर्मवीर भारती आदि इसके प्रतिष्ठित कवि हैं।

साठोत्तरी समकालीन कविता का विकास बाह्य परिवेशगत घटनाओं के प्रभाववश हुआ है। अपने परिवर्तित स्वभाव के कारण इस कविता की पहचान 'साठोत्तरी कविता' के नाम से की जाने लगी। साठोत्तरी कविता की शुरुआत सन 1963 में जगदीश चतुर्वेदी द्वारा सम्पादित संकलन से मानी गयी है। इस संकलन में चौदह कवियों की रचनाएँ थीं। उस समय सामाजिक जीवन की विसंगति, विक्षोभ, हाहाकार, बेरोज़गारी तथा राजनैतिक असफलता के कारण एक प्रकार की अराजक मनोवृत्ति कायम थी। इस धुन्ध से अशोक वाजपेयी, धूमिल, लीलाधर जगूड़ी, सौमित्र मोहन, जगदीश चतुर्वेदी आदि कवि विकसित हुए। धमिल ने इस धुन्ध और शोर-शराबे में से आक्रोश के साथ सच को पूर्ण परिप्रेक्ष्य में सच कहने के तर्क से नया मुहावरा विकसित किया।

उनके 'संसद से सड़क तक' कविता में इसकी अभिव्यक्ति की गयी है। धूमिल के बाद अरुण कमल, राजेश जोशी आदि की कविताओं में सन्तुलित ढंग से यथार्थ के नितान्त संक्षिप्त रूप का चित्रण मिलता है।

संक्षेप में आधुनिक काल में युग परिवर्तन के साथ-साथ हिन्दी कविता ने वेश और कथ्य में नवीन रूप अपनाया।

भाग-1

प्राचीन एवं आधुनिक कविताएँ

कबीरदास

निर्गुण भक्तिधारा के ज्ञानमार्गी सन्त महात्मा कबीर को हिन्दी में निर्गुण भक्ति-धारा का प्रवर्तक स्वीकार किया जाता है। कबीर का जन्म राजनीतिक उथल-पुथल और भयंकर अराजकता के युग में 1398 में हुआ। तैमूरलंग के आक्रमणों से दिल्ली की सत्ता बिखर गयी थी। तुगलक, सैयद और लोधी वंश राजनीतिक स्थिरता प्रदान नहीं कर पाये। धर्म के नाम पर कर्म-काण्ड, अन्धविश्वास और कुरीतियों का बोलबाला था। ऐसे समय में सूफियों की प्रेम की पुकार अनसुनी की जा रही थी और किसी ऐसे महापुरुष की आवश्यकता थी जो समाज में व्यवस्था ला सके। कबीर ऐसे ही महापुरुष थे।

महात्मा कबीर विधवा ब्राह्मणी की सन्तान थे अथवा नीरू-नीमा के पालित पुत्र। वे लहरतारा तालाब में कमलपत्र पर अवतरित हुए थे या नहीं इन बातों पर विवाद हो सकता है, परन्तु यह स्पष्ट है कि उनका बचपन काशी में, नीरू-नीमा दम्पति की देखरेख में बीता। समाज में नीची मानी जाने वाली श्रमजीवी जातियों में जुलाहा जाति भी थी और कबीर ने अपने को गर्वपूर्वक जुलाहा कहा है। ऐसा भी परम्परा से प्रसिद्ध है कि कबीर विवाहित थे और कमाल-कमाली नामक उनकी सन्तानें थीं। कबीर को औपचारिक शिक्षा पाने का अवसर नहीं मिला इसलिए सत्संग और स्वानुभव से उन्होंने सच्चा ज्ञान प्राप्त किया। गुरु रामानन्द का आशीर्वाद उन्हें मिला था परन्तु शेख तकी को उनका गुरु मानना उचित नहीं। आजीवन काशी में बैठकर धर्मान्धता के गढ़ पर प्रहार करने वाले कबीर, अन्तिम दिनों में मगहर चले गये थे, वहीं 1495 में उन्होंने देह त्यागी।

कबीर द्वारा रचित अनेक ग्रन्थों का उल्लेख साहित्य के इतिहासों में है जिनकी संख्या 140 तक मानी गयी है। ऐसा प्रतीत होता है कि कबीर-पन्थियों ने अपनी रचनाएँ गुरुवर कबीर को अर्पित कर दीं जो उन्हीं के नाम से प्रचारित हो गयीं। कबीर की वाणी का प्राचीनतम एवं प्रामाणिक संग्रह आदि ग्रन्थ (गुरुग्रन्थ साहिब) में उपलब्ध है। आचार्य श्यामसुन्दर दास ने इन्हीं ग्रन्थों के आधार पर

'कबीर ग्रन्थावली' का प्रकाशन करवाया जिसमें 809 साखियाँ, 403 पद और 7 रमैणियाँ हैं। परिशिष्ट में 192 साखियाँ और 222 पद और दिये गये हैं। कबीर के काव्य में ज्ञान-मार्गी निर्गुण भक्ति एवं प्रेम-मार्गी वैष्णव भक्ति का संगम देखने को मिलता है।

काव्य में निर्गुण भक्ति को सर्वप्रथम अभिव्यक्ति प्रदान करने का श्रेय कबीरदास को है। कबीर का काव्य रहस्यानुभूति में जितना समृद्ध है, प्रचलित कुरीतियों के विरुद्ध विद्रोह में वह उतना ही मुखर है। कबीर की कविता में उनके व्यक्तित्व की विद्रोहिता, निर्भीकता, अक्खड़ता, उग्रता आदि बड़े सशक्त रूप में व्यक्त हुई है। यह निर्विवाद है कि कबीर ने काव्यशास्त्र का अध्ययन नहीं किया था और कविता करना उनका लक्ष्य नहीं था, फिर भी रसिकों को उनके पदों में जो आनन्द मिलता है वह अन्यत्र सम्भव नहीं। कबीर के काव्य में एक ओर तो सामाजिक सुधार के प्रति उत्साह और धार्मिक कट्टरता के विरुद्ध आक्रोश व्यक्त हुआ है, दूसरी ओर ब्रह्म के प्रति भक्ति का उन्माद। कबीर की लोकप्रियता कई कारणों से है और आज भी उनकी वाणी धार्मिक संकीर्णता एवं सामाजिक अत्याचारों के विरुद्ध संघर्ष करने वालों को प्रोत्साहित करती है।

पाठ-सार : दोहे

(1) गुरु गोबिन्द.......................बताय।

कबीर के यहाँ गुरु का अपार महत्त्व है। कबीर कहते हैं बड़ी दुविधा है कि गुरु और ईश्वर दोनों एक साथ खड़े हों तो किसके पाँव पहले छुएँ। कबीर तो गुरु को ही प्रणाम और चरण स्पर्श करते हैं क्योंकि गुरु ने ही बताया है कि 'यह ईश्वर है।' वास्तव में गुरु ही हमें जीवन, जगत, ईश्वर आदि का ज्ञान देते हैं; अतः गुरु ही प्रथमतः वन्दनीय है।

(2) बड़ा हुआ तो क्या हुआ.....................दूर।

कबीर कहते हैं कि केवल बड़ा होने से कुछ नहीं होता, व्यक्ति में गुण भी होने चाहिए। जैसे खजूर का वृक्ष ऊँचा और बड़ा तो बहुत हो जाता है किन्तु उसकी छाया किसी राहगीर को मिलती नहीं तथा फल भी इतनी ऊँचाई पर लगते हैं कि किसी को नसीब नहीं होते। ऐसा बड़ा होने का क्या लाभ?

(3) कस्तूरी कुंडलि बसे.....................नाहिं।

जिस तरह कस्तूरी मृग की नाभि में रहती है परन्तु वह उसकी खुश्बू का स्रोत पता लगाने को सारे वन में भटकता फिरता है, उसी तरह प्रत्येक इनसान के अन्दर ईश्वर बसता है परन्तु दुनिया देख नहीं पाती।

(4) जाति न पूछो साधु की......................म्यान।

साधु अथवा सच्चे, गुणी इनसान की जाति नहीं पूछनी चाहिए उसके ज्ञान-गुण का महत्त्व है। जैसे महत्त्व तथा मोल तलवार का होता है, म्यान का नहीं। हमें किसी भी वस्तु या इनसान के बाहरी आवरण की बजाय उसके आन्तरिक गुणों का मूल्यांकन करना चाहिए।

(5) बुरा जो देखन मैं चला......................कोय।

व्यक्ति दूसरों में कमियाँ और बुराइयाँ खोजता है परन्तु स्वयं को नहीं देखता। खुद अपने अन्दर ढेरों बुराइयाँ हैं। जब अपनी बुराईयाँ दिखायी दीं तो दुनिया उतनी बुरी नहीं लगती जितने कि हम स्वयं। जैसे किसी पर उँगली उठाते हैं तो हमारी ही तीन उँगलियाँ हमारी तरफ उठी रहती हैं।

(6) निंदक नियरे राखिये......................सुभाय।

मनुष्य को चापलूसों तथा झूठी प्रशंसा करने वालों की बजाय सच्ची आलोचना करने वालों से मित्रता करनी चाहिए, जैसे आँगन में कुटी की छाँव रखते हैं। यह बिना पानी बिना साबुन के स्वभाव को निर्मल, साफ़-सुथरा बनाने जैसा है।

(7) ऐसी बानी बोलिये......................सीतल होय।

मन का अहंकार खोकर, समाप्त कर ऐसी वाणी बोलनी चाहिए, औरों के हृदय को तो शीतलता मिले ही, अपना मन भी शान्त-शीतल रहे।

(8) दुर्लभ मानुष जन्म है......................डार।

मनुष्य जन्म बहुत ही दुर्लभ है, यह शरीर भी दुबारा नहीं मिलता है, जैसे पेड़ से पत्ता झड़कर गिर जाये तो वापस डाल पर नहीं लग सकता। अतः हमें जितने भी अच्छे कार्य हैं, कर लेने चाहिए। भक्ति भी इसी अच्छे कार्य में आती है।

(9) साईं इतना दी दीजिए......................जाय।

हे ईश्वर! मुझे केवल इतना भर दीजिए जितने में मेरे परिवार का गुजारा हो जाये। यदि कोई अतिथि आ जाये तो वह भी भूखा न लौटे, न मैं भूखा रहूँ।

(10) हिन्दू मुये राम कहि......................जाय।

मुझे हिन्दू राम कहते हैं और मुसलमान खुदा कहते हैं। कबीर कहते हैं कि जीवित है वह दो में विश्वास नहीं करेगा। एक में ही जाकर मिलेगा।

(11) दुर्बल को न सताइए......................जाय।

दुर्बल या साधारण इनसान को सताना नहीं चाहिए, उसकी हाय भी बुरी होती है। जैसे मरे जानवर की खाल से धोंकनी बनती है, वह लोहे को भी भस्म कर देती है। लुहार की धोंकनी से निकली साँस भी लोहे को जलाकर राख कर देती है।

(12) सतगुरु की महिमा अनन्त......................दिखावनहार।

सच्चे गुरु की महिमा अपार है, असीम है, उसका कोई अन्त नहीं है। सच्चे गुरु ने हम पर अनन्त उपकार किये हैं। उसने हमारे अनन्त दृष्टियाँ विकसित कर दी हैं कि वह अपार ईश्वर दिखा दिया।

(13) माला फेरत जुग भया......................फेर।

लोग माला का मनका फेरते हैं फिर भी उनके मन का हेर-फेर अर्थात चालाकियाँ नहीं मिटते। यदि हाथ का मनका फेंककर मन का मनका फेर ले तो सारे दुख मिट जायें।

(14) पोथी पढ़ि-पढ़ि जग मुआ......................होय।

ग्रन्थ, पोथी पढ़-पढ़कर यह मरा संसार ज्ञानी होना चाहता है, किन्तु इस प्रकार तो कोई ज्ञानी, पण्डित नहीं हो पाया है। परन्तु जो भी मनुष्य प्रेम का ढाई अक्षर पढ़ लेगा वही ज्ञानी, वही पण्डित हो सकता है।

(15) दुःख में सुमिरन सब करै......................होय।

संकट तथा दुःख में ईश्वर को, गुरु को सभी स्मरण करते हैं। सुख में कोई स्मरण नहीं करता। यदि सुख में भी गुरु व ईश्वर को याद रखें तो दुख या संकट कभी नहीं आ सकता।

दोहे

गुरु गोविन्द दोऊ खड़े, काके लागूँ पाँय।
बलिहारी गुरु आपने, जिन गोविन्द दियो बताय ॥1॥

बड़ा हुआ तो क्या हुआ, जैसे पेड़ खजूर।
पंथी को छाया नाहिं, फल लागै अति दूर ॥2॥

कस्तूरी कुंडलि बसै, मृग ढूँढ़ै बन माहिं।
ऐसे घटि-घटि राम है, दुनिया देखै नाहिं ॥3॥

जाति न पूछो साधु की, पूछि लीजिये ज्ञान।
मोल करो तलवार का, पड़ा रहन दो म्यान ॥4॥

बुरा जो देखन मैं चला, बुरा न मिल्या कोय।
जो दिल खोजा आपना, मुझ से बुरा न कोय ॥5॥

निंदक नियरे राखिये, आँगन कुटी छवाय।
बिन पानी साबुन बिना, निर्मल करै सुभाय ॥6॥

ऐसी बानी बोलिये, मन का आपा खोय।
औरन को सीतल करै, आपहु सीतल होय ॥7॥

दुर्लभ मानुष जन्म है, देह न बारम्बार।
तरुवर ज्यों पत्ता झड़ै, बहुरि न लागे डार ॥8॥

साईं इतना दीजिए, जा में कुटुम समाय।
मैं भी भूखा न रहूँ, साधु न भूखा जाय ॥9॥

हिंदु मुये राम कहि, मुसलमान खुदाय।
कहै कबीर जो जीवता, दुह में कदे न जाये ॥10॥

दुर्बल को न सताइए, जाकी लम्बी हाय।
मुए खाल की स्वाँस सों, लोह भसम ह्वै जाय ॥11॥

सतगुरु की महिमा अनंत, अनंत किया उपकार।
लोचन अनंत उघारिया, अनंत दिखावनहार ॥12॥

माला फेरत जुग भया, फिरा न मन का फेर।
कर का मनका डारि दै, मन का मनका फेर ॥13॥

पोथी पढ़ि-पढ़ि जग मुआ, पंडित हुआ न कोय।
ढाई अक्षर प्रेम का, पढ़ै सो पंडित होय ॥14॥

दुःख में सुमिरन सब करैं, सुख में करै न कोय।
जो सुख में सुमिरन करै, तो दुःख काहे होय ॥15॥

शब्दार्थ

1. **गोविन्द**–ईश्वर; **दोऊ**–दोनों; **काके**–किसके; **लागूँ पाँय**–पैरों पर पड़ूँ, प्रणाम करूँ; **दियो बताय**–बता दिया।
2. **पंथी**–राही; **फल लागै अति दूर**–फल अत्यन्त दूर लगता है।
3. **कुंडलि बसै**–नाभि में बसती है; **ढूँढ़ै बन माहिं**–वन में ढूँढ़ता है; **घटि-घटि**–प्रत्येक वस्तु में।
4. **साधु**–सज्जन व्यक्ति, ज्ञानी; **मोल करो**–मूल्य करो; **पड़ा रहन दो म्यान**–म्यान की उपेक्षा करो।
5. **न मिल्या कोय**–कोई नहीं मिला; **जौ**–जब; **आपना**–अपना।
6. **निंदक**–निंदा करने वाले; **नियरे**–निकट; **छवाय**–डलवाकर; **निर्मल**–स्वच्छ; **सुभाय**–स्वभाव;
7. **बानी**–वाणी; **आपा**–गर्व; **खोय**–नष्ट कर दे; **सीतल**–ठण्डक; **औरन को**–दूसरों को।

सूरदास

सूरदास के जीवन-परिचय के विषय में अनेक मत उपलब्ध होते हैं। कवि के जन्म एवं जन्म-स्थान के सम्बन्ध में भी विचार वैभिन्न्य है। सभी उपलब्ध तथ्यों के आधार पर सूर का जन्म संवत् 1540 में फरीदाबाद के निकट सीही नामक ग्राम में स्वीकार किया जाता है। इनके पिता का नाम रामदास था। सूरदास ने परिवार से विरक्त हो कर मथुरा-वृन्दावन की ओर अपना रुख कर लिया। आरम्भ में सूरदास गऊ घाट पर विनय के पदों का गायन किया करते थे। यहीं पर वल्लभाचार्य ने इन्हें कृष्ण-लीला-गायन की दीक्षा दी। इनका देहावसान संवत् 1620 में हुआ।

प्रमुख रचनाएँ

सूर-काव्य-सृष्टि के अन्तर्गत इनकी पाँच रचनाएँ मानी जाती हैं–सूरसागर, सूरसारावली, साहित्य लहरी, नल-दमयन्ती और ब्याहुलौ। प्रामाणिकता की दृष्टि से इनमें से केवल तीन रचनाएँ ही उपलब्ध हैं–सूरसागर, सूरसारावली और साहित्य लहरी।

प्रथम कृति 'सूरसागर' सूर की कीर्ति का आधार स्तम्भ है। यह कृति अत्यन्त लोकप्रिय है। इसमें प्रेम, भक्ति एवं संगीत की लय का अद्‌भुत समन्वय है। 'सूरसारावली' को हम 'सूरसागर' का ही संक्षिप्त रूप मान सकते हैं। इसमें भी कृष्ण-लीला के सैद्धान्तिक पक्ष के ही दर्शन होते हैं। इसकी विषय वस्तु में कृष्ण की बाल लीला की स्वाभाविकता, कलात्मकता एवं सरसता दृष्टिगत होती है। 'साहित्य लहरी' कृति की रचना कूट शैली पर आधारित है। इसमें आराध्य श्रीकृष्ण की प्रेम-लीलाओं का माधुर्य भाव से परिपूर्ण चित्रण मिलता है। जीवन और प्रकृति का सूक्ष्म चित्रांकन, बाल मनोविज्ञान, वात्सल्य और शृंगार के दोनों पक्षों–संयोग-वियोग को सूरदास ने कुशलतापूर्वक चित्रित किया है।

ब्रज वनिताओं के साथ श्रीकृष्ण के प्रेम व्यवहार को कवि स्वयं अपने हृदय में आँखों से देखकर आनन्द-विभोर होकर गा उठता है और इस प्रकार वे संयोग-विरह

के अनेक चित्र प्रस्तुत करने लगते हैं। कृष्ण के मथुरा चले जाने पर गोपियों के विरह की सूक्ष्म से सूक्ष्म दशाओं का जैसा वर्णन सूर ने किया है, वैसा अन्यत्र दुर्लभ है। इसी प्रकार वात्सल्य-वर्णन में तो सूर नितान्त अद्वितीय हैं। आज तक कोई भी कवि इनके सामने नहीं ठहरता। आचार्य शुक्ल की दृष्टि में "वे इस का कोना-कोना झाँक आये हैं।"

पाठ-सार : विनय तथा भक्ति

(1) चरण कमल......................पाईं।

ईश्वर के चरण रूपी कमल की बड़ी महिमा है। जिसकी कृपा से अपाहिज भी पर्वत लाँघ सकता है। अन्धे को भी सब कुछ दिखाई पड़ सकता है। बहरा सुन सकता है तथा गूँगा पुनः बोल सकता है और रंक भी राजा की तरह सिर पर मुकुट रखकर चल सकता है उस करुणामय ईश्वर को सूरदास बार-बार पाना चाहता है।

(2) अब कै राखि......................जय जय कृपानिधान ॥

हे भगवान। यमदूत मुझे लेने आ गया है। मुझे अबकी बार बचा ले। मैं अनाथ हूँ और वृक्ष की शाखा पर बैठा हूँ पंछी की तरह। शिकारी ने बाण तान रखा है। मैं उसके डर से भागना चाहता हूँ, बचना चाहता हूँ। परन्तु ऊपर बाज भी मेरी ताक में है। यहाँ तो दोनों प्रकार से मेरे ऊपर दुख आन पड़ा है, किस प्रकार इससे उबरा जाये? और जैसे ही मैंने ईश्वर व गुरु का स्मरण किया वैसे ही शिकारी को साँप ने डँस लिया, उसके हाथ से तीर छूट गया है। सूरदास कहते हैं तीर बाज को जा लगा एक साथ दोनों संकटों से छुटकारा मिल गया। हे कृपानिधान, तेरी जय हो।

बाल लीला

(1) जसोदा हरि पालने झुलावै......................पावै।

यशोदा मैया कृष्ण के रूप में साक्षात् हरि अर्थात् विष्णु को पालने में झुला रही है। हिला रही है, दुलार रही है, स्नेह से चूमती-पुचकारती है और कुछ-न-कुछ गा भी रही है।

मेर लाल को नींद आ जाये, नींद तू क्यों नहीं आती है, क्यों नहीं आकर सुला रही है। तू जल्दी क्यों नहीं आ रही है? तुझे कान्हा बुला रहे हैं। कान्हा (ईश्वर) कभी पलक बन्द कर लेते हैं, कभी होंठों को फड़काते हैं।

ऐसा लगता है जैसे शान्त होकर सो रहे हैं, किन्तु तरह-तरह के संकेत कर रहे हैं। यशोदा बहुत मधुर गा रही है। इसी बीच अकुलाकर बेचैन होकर हरि उठ गये हैं। सूरदास कहते हैं कि हरि की बाललीला का जो सुख अमर-मुनि को भी दुर्लभ है, वह नन्द की पत्नी पा रही हैं।

(2) मैया कबहिं बैठैगी चोटी........................जोटी।

कितनी देर, कितनी बार दूध पीते हुए हो गयी है लेकिन यह आज भी छोटी ही है। जो तू कहती है कि बलदाऊ की तरह मोटी है, लम्बी है। इसे धोना, काढ़ना, गूँथना सब हो रहा है किन्तु यह भूमि पर लेटी नागिन की तरह है। मुझे बार-बार कच्चा दूध पिलाती हो, मक्खन-रोटी नहीं देती हो। सूरदास कहते हैं चिरंजीवी रहें दोनों भाई, जैसे ही और हरधर बलराम की जोड़ी।

भ्रमर गीत

(1) निसि दिन बरसत नैन हमारे........................भारे।

हमारे नयन दिन-रात बरसते हैं। हम पर सदैव वर्षा ऋतु-सी रहती है, जब से श्याम यहाँ से चले गये हैं। आँखों में काजल टिकता ही नहीं, आँसुओं के साथ बह जाता है, गालों को काला कर देता है। हमारे अंगवस्त्र, कंचुकि सूखती ही नहीं, हरदम में पानी के पनाले बहते हैं, धारे बहते हैं। सूरदास कहते हैं कि हे प्रभु! विरह जल का समुद्र चढ़ा आता है। गोकुल को उबार लो। श्याम सुन्दर के वियोग में सभी बेहद विकल हो गये हैं।

(2) ऊधौ मन न भये दस बीस........................जगदीस।

हे उद्धव! मन दस बीस नहीं हैं। एक ही था वही श्याम के साथ चला गया। ईश्वर की आराधना कौन करे? केशव के बिना इन्द्रियाँ शिथिल हो गयी हैं जैसे देह के बिना शीश अर्थात् शरीर से कटकर सिर। इसमें आशा रूपी साँस आता-जाता रहता है। हर क्षण ऐसे जिया जाता है जैसे करोड़ों बरस। तुम तो श्याम के साथ हो, मित्र हो, सारे योग के इष्ट देव हो। सूरदास कहते हैं कि हमारे नन्द के नन्दन यानी पुत्र के बिना और कहीं जगदीश अर्थात् ईश्वर नहीं है।

विनय तथा भक्ति

(1)

चरन-कमल बन्दौं हरि-राइ।
जाकी कृपा पंगु गिरि लंघै, अन्धे को सब कछु दरसाई।
बहिरौ सुनै, मूक, पुनि बौले, रंक चलै सिर छत्र धराई।
सूरदास स्वामी करुनामय, बार-बार बन्दौ तिहिं पाई ॥ ।॥

(2)

अब कै राखि लेहु भगवान।
हौ अनाथ बैठ्यो द्रुम-डारिया, पारधि साधे बान ॥
ताकै डर मैं भाज्यौ चाहत, ऊपर ढुक्यौ सचान ॥
दुहुँ भाँति दुःख भयो आनि यह, कौन उबारै प्रान?
सुमिरत ही अहि डस्यौ पारधी, कर छूटयौ संधान ॥
सूरदास सर लग्यों सचानहिं, जय जय कृपानिधान ॥

बाल लीला

(1)

जसोदा हरि पालनैं झुलावै।
हलरावै, दुलरावै मल्हावै, जोइ सोइ कछु गावै।
मेरे लाल कौं आउ निंदरिया, काहैं न आनि सुवावै ॥
तू काहै नहिं बेगिहिं आवै, तोको कान्ह बुलावै।
कबहुँ पलक हरि मूँदि लेत हैं, कबहुँ अधर फरकावै।
सोवत जानि मौन ह्वै कै रहि, करि-करि सैन बतावै ॥
इहिं अन्तर अकुलाइ उठे हरि, जसुमति मधुरै गावै।
जो सुख सूर अमर-मुनि दुरलभ, सो नन्द भामिनी पावै ॥

(2)

किती बार दूध पिवत भई, यह अजहुँ है छोटी ॥
तू जो कहति बल की बेनी, ज्यों ह्वै लांबी मोटी ॥
काढत गुहत-न्हवावत ओंछति, नागिन-सी भुई लोटी ॥
काचो दूध पियावत पचि-पचि, देत न माखन रोटी ॥
सूर स्याम चिरजीव दोउ भैया, हरि हलधर की जोटी ॥

भ्रमर गीत

(1)

निसि दिन बरसत नैन हमारे।
सदा रहत पावस ऋतु हम पर, जब ते स्याम सिधारे॥
अंजुन थिर न रहत आँखियन में, कर कपोल भये कारे॥
कंचुकि पट सूखत नहिं कबहूँ, उर बिच बहत पनारे॥
सूरदास प्रभु अम्बु बढ़्यो है गोकुल लेहु उबारे।
कहँ लौं कहाँ स्याम धन सुन्दर विकल होत अति भारे॥

(2)

ऊधौ मन न भये दस बीस।
एक हुतौ सौ गयौ स्याम संग, को अवराधै ईस।
इंद्री सिथिल भई केसव बिनु, ज्यौ देही बिनु सीस।
आसा लागि रहति तन स्वासा, जीवहि कोटि बरीस।
तुम तौ सखा स्याम सुन्दर के, सकल जोग के ईस।
सूर हमारै नंद-नंदन बिनु, और नहीं जगदीस॥

शब्दार्थ

विनय तथा भक्ति

1. **बन्दौ**–प्रणाम करना; **हरि राई**–प्रभु, भगवान; **जाकी**–जिसकी; **पंगु**–लंगड़ा; **गिरी**–पर्वत; **लंघै**–पार करना; **दरसाई**–दिखायी देना; **बहिरौ**–बहरा; **मूक**–गूँगा; **पूनि**–फिर से; **रंक**–गरीब, निर्धन; **छत्र धराई**–सम्राट बनकर, छत्र धारण करके।
2. **द्रुम डारिया**–वृक्ष की शाखा; **पारधि**–शिकारी; **बान**–बाण; **भाज्यौ चाहत**–भागना

चाहता हूँ, बचना चाहता हूँ; **सचान**—बाज; **दुहुँ**—दोनों ओर से; **उबारै**—रक्षा करे; **सुमिरत ही**—स्मरण करते ही; अहि—साँप; **डस्यौ**—डसता है।

बाल लीला

1. **पालनैं**—हिंडोला; **हलरावै**—हलराती है; **मल्हावै**—स्नेह से चुमकारती है, हाथ फेरती है; **फरकावै**—फड़काते हैं, हिलाते हैं; **सैन**—इशारा।

2. **अजहुँ**—आज भी; **बेनी**—बाल; **काढत**—तेल लगाती है; **गुहत**—गूँथती है (पिरोती है); **ओंछति**—सँवारती है; **भुई**—पृथ्वी पर; **काचो**—कच्चा; **पचि-पचि**—बार-बार; **हलधर**—बलराम; **जोटी**—जोड़ी।

भ्रमरगीत

1. **निसि दिन**—दिन और रात; **सिधारे**—चले गये; **कारे**—काले; **बिच**—बीच; **पनारे**—अनेक प्रवाह; **अम्बु**—पानी।

2. **भये**—हुए; **एक हुतौ सो**—एक जो था वह; **अवराधै**—उपासना करे; **इन्द्री**—इन्द्रिय; **देही बिनु सीस**—बिना सिर का शरीर; **स्वासा**—श्वास; **बरीस**—वर्ष।

तुलसीदास

गोस्वामी तुलसीदास की जीवनी से सम्बद्ध प्रामाणिक सूचनाएँ सबसे कम मिलती हैं। अपनी रचनाओं में गोस्वामी ने अपने बचपन के कष्टों, भयंकर गरीबी, अन्न के लिए द्वार-द्वार भटककर की जाने वाली भिक्षावृत्ति के अतिरिक्त कोई अन्य सूचना नहीं दी है। गोस्वामी की अपनी रचनाओं और अन्य बाहरी सूचनाओं के आधार पर विद्वानों ने अलग-अलग निष्कर्ष निकाले हैं। जनश्रुति से गोस्वामी जी का जन्म संवत् 1589 (सन् 1532 ई.) और मृत्यु संवत् 1680 (सन् 1623 ई.) में हुई मानी जाती है। जन्म कहाँ हुआ, इस पर विवाद है। कुछ लोग इन्हें बाँदा जिले के राजापुर में उत्पन्न मानते हैं तो कुछ लोग एटा जिले के सोरों में। आचार्य चन्द्रबली पाण्डेय ने इन्हें अयोध्या की बाबरी मस्जिद या राम जन्मभूमि के पास उत्पन्न माना है। इनकी मृत्यु संवत् 1680 में श्रावण शुक्ल सप्तमी या श्रावण कृष्ण तृतीया शनिवार को काशी में अस्सीघाट पर हुई थी। मृत्यु संवत् को लेकर कोई विवाद नहीं है।

गोस्वामी का जन्म का नाम रामबोला बताया जाता है। राजापुर में इनकी जन्मभूमि मानने वाले इनके पिता का नाम राजाराम दुबे, जाति ब्राह्मण, माँ का नाम हुलसी और पत्नी का रत्नावली बताते हैं। लेकिन ये सारी बातें विश्वसनीय प्रमाणों पर आधृत न होकर अनुश्रुतियों, तर्कों और व्याख्याओं पर आधृत हैं।

गोस्वामी के नाम पर अब तक कई दर्जन पुस्तकें प्राप्त हो चुकी हैं किन्तु मिर्जापुर के प्रसिद्ध रामायणी पं. रामगुलाम द्विवेदी केवल बारह ग्रन्थों को प्रामाणिक समझते हैं, जिनमें से छः बड़े और छः छोटे हैं। नागरी प्रचारिणी सभा, काशी से प्रकाशित 'तुलसी ग्रन्थावली' में आचार्य रामचन्द्र शुक्ल ने इन्हीं बारह ग्रन्थों को स्थान दिया है। ये ग्रन्थ हैं—(1) रामचरितमानस, (2) जानकी मंगल, (3) पार्वती मंगल, (4) रामाज्ञा प्रश्न, (5) वैराग्यसन्दीपनी, (6) कवितावली, (7) गीतावली,

(8) दोहावली, (9) श्रीकृष्ण गीतावली, (10) रामलला नहछू, (11) बरवै रामायण और (12) विनय पत्रिका।

गोस्वामी जी ने अपने समय में प्रचलित काव्य की हर शास्त्रीय और लोकशैली में काव्य-रचना की है।

'स्वान्तः सुखाय तुलसी रघुनाथ गाथा भाषानिबद्ध-मति-मंजुलमातनोति' की घोषणा करने वाले तुलसीदास का काव्यादर्श यह था, 'कीरति भनिति भूति-भलि सोई। सुरसरि सम सब कर हित होई।' भावानुभूति की तीव्रता, कल्पना की उच्चता, काव्य-गुणों का उत्कर्ष, साहित्यिक सौष्ठव और नैतिक आदर्शों का समन्वय, प्रबन्ध-पटुता एवं विविध शैलियों पर समानाधिकार इन सभी दृष्टियों में तुलसीदास का स्थान केवल हिन्दी में नहीं, अपितु विश्व-साहित्य के सर्वश्रेष्ठ कवियों में है। लोकमानस पर प्रभाव की दृष्टि से जो स्थान रामचरितमानस का है, वह सम्भवतः किसी अन्य का नहीं। भाषा की दृष्टि से तुलसी की तुलना किसी अन्य कवि से नहीं हो सकती। उनकी भाषा जितनी ही लौकिक है, उतनी ही शास्त्रीय। धर्म, दर्शन, संस्कृति, कला, समाज आदि प्रत्येक क्षेत्र में कान्ता सम्मति शैली में समन्वय स्थापित करने वाले तुलसी की दृष्टि व्यापक और सार्वभौमिक थी तथा उनके द्वारा स्थापित जीवन-मूल्य आज प्रासंगिक बने हुए हैं।

पाठ-सार : तुलसीदास दोहे

(1) मुखिया मुख सो चाहिए......................विवेक।

मुखिया व्यक्ति को मुख जैसा होना चाहिए। जैसे खाते तो मुख से हैं लेकिन वह शरीर के सब अंगों को एक जैसा पोषण देता है। ऐसे ही मुखिया को अपने ज्ञान एवं विवेक से परिवार के सभी सदस्यों का पूरा ध्यान रखना चाहिए।

(2) गोधन, गजधन बाजि धन......................समान।

धन चाहे गाय से आये, हाथयों से आये, घोडे से आये और चाहे हीरे जवाहरात की खान हाथ लगने से आये। किन्तु जब सन्तोष धन आता है तो यह धन धूल के समान हो जाता है। अर्थात् मन का सन्तोष परम धन है उसके समक्ष सब धन धूल के समान है।

(3) राम नाम मनि दीप धरु......................उजियार।

राम नाम की मणि का दीपक जिह्वा के द्वार पर रख लूँ। तुलसी कहते हैं कि भीतर और बाहर जैसा चाहो उजियारा, प्रकाश हो जाता है।

(4) तुलसी सन्त सुअम्ब तरु......................फल देत।

तुलसी कहते हैं कि सन्त स्वभाव आम के पेड़ की तरह है, यदि इधर से पत्थर मारा जाता है तो उधर से फल ही मिलता है।

(5) आवत ही हरषै नहीं......................बरसे मेघ

जहाँ आने-जाने में प्रसन्नता नहीं होती नयनों में स्नेह दिखलाई नहीं पड़ता, तुलसी कहते हैं कि ऐसी जगह नहीं जाना चाहिए चाहे वहाँ सोने की ही वर्षा क्यों न होती हो।

(6) काम क्रोध मद लोभ की......................एक समान।

कामवासना, अहंकार, लालच की जब तक में खान है, भण्डार है तब तक ज्ञानी पण्डित तथा मूर्ख एक समान हैं।

(7) तुलसी साथी विपत्ति के......................भरोसे एक।

तुलसीदास कहते हैं कि विद्या, विनय, विवेक, साहस, अच्छे कर्म, सत्य वचन, मीठी वाणी तथा राम नाम का भरोसा यह सब हमारी विपत्ति के साथी हैं।

(8) तुलसी मीठे वचन ते......................वचन कठोर।

तुलसीदास कहते हैं कि मीठे वचनों से चारों ओर सुख उपजता है, कठोर वाणी, बोलों के मुकाबले मीठे वचन वशीकरण मन्त्र का कार्य करते हैं।

(9) बिना तेज के पुरुष की......................सब कोय।

ज्ञान के तेज बिना मनुष्य की अवश्य अवज्ञा होती है, जैसे आग बुझ जाने पर राख को कोई भी आकर छू सकता है।

(10) जड़-चेतन, गुण-दोषमय......................विकार।

ईश्वर ने जड़, चेतन, गुण तथा दोषमय इस संसार को बनाया है। सत का स्वभाव तथा गुण हँस की तरह होता है जो पानी मिले दूध में से दूध पी लेता है किन्तु विकारग्रस्त पानी को छोड़ देता है।

दोहे

मुखिया मुख सो चाहिए, खान-पान को एक
पालै पोसे सकल अंग, तुलसी सहित विवेक ॥1॥

गो धन, गज धन, बाजि धन और रतन धन खान।
जब आवत संतोष-धन सब धन धूरि समान ॥2॥

राम नाम मनि दीप धरु, जीह देहरी द्वार।
तुलसी भीतर बाहिरौ, जौ चाहसि उजियार ॥3॥

तुलसी संत सुअम्ब तरु, फूलि फलहिं परहेत।
इतते ये पाहन हनत, उतते वे फल देत ॥4॥

आवत ही हरषै नहीं नैनन नहीं स्नेह।
तुलसी तहाँ न जाइये कंचन बरसे मेह ॥5॥

काम क्रोध मद लोभ की जौ लौं मन में खान।
तौ लौं पण्डित मूरखौं तुलसी एक समान ॥6॥

तुलसी साथी विपत्ति के, विद्या विनय विवेक
साहस सुकृति सुसत्यव्रत, राम भरोसे एक ॥7॥

तुलसी मीठे वचन ते, सुख उपजत चहुँ ओर।
बसीकरण एक मंत्र है, परिहरु वचन कठोर ॥8॥

बिना तेज के पुरुष की अवशि अवज्ञा होय।
आगि बुझे ज्यों राख की आय छुवै सब कोय ॥9॥

जड़-चेतन, गुण-दोषमय, विश्व कीन्ह करतार।
संत-हंस गुण गहहिं पय, परिहरि वारि विकार ॥10॥

शब्दार्थ

1. **मुखिया**—मुख्य व्यक्ति, नेता; **मुख सो**—मुँह की भाँति; **खान-पान**—खाने और पीने के लिए; **पालै**—पालन करना; **पोसे**—पोषण करना; **सकल अंग**—शरीर के सारे भाग; **विवेक**—ज्ञान।

2. **गो**—गाय; **गज**—हाथी; **बाजि**—घोड़ा; **रतन**—रत्न; **खान**—उत्पन्न होने की जगह; **धूरि**—धूल।

3. **मनि दीप**—मणि दीप (रत्न दीप); **जीह**—जीभ; **देहरी**—देहली; **बाहिरौ**—बाहर; **जौ चाहसि**—जो चाहता है; **उजियार**—उजियाला, प्रकाश।

4. **सुअम्ब**—आम का पेड़; **इतते**—इधर से; **पाहन हनत**—पत्थर फेंकते; **उतते**—उधर से।

5. **हरषै**—सन्तोष; **कंचन**—सोना धातु; **बरसे**—बरसना; **मेह**—मेघ, बादल।

6. **काम**—कामवासना; **मद**—घमण्ड, पागलपन; **लोभ**—लालच; **जौ लौं**—जब तक; **तौं लौं**—तब तक।

7. **सुकृति**—अच्छा कर्म; **सुसत्यव्रत**—सच बोलने का व्रत।

8. **उपजत**—उत्पन्न करना; **चहुँ**—चारों; **बसीकरन**—वशीकरण; **परिहरु**—छोड़कर।

9. **अवशि**—अवश्य; **आगि**—आग; **बुझे**—बुझना; **छुवै**—छूना; **सब कोय**—हरेक, प्रत्येक

10. **कीन्ह**—किया; **करतार**—भगवान; **गुन गहहिं, पय**—गुण रूपी दूध ग्रहण करते हैं; **परिहरि**—छोड़ता है; **वारि विकार**—विषय-वासना रूपी पानी।

बिहारी

हिन्दी कविता के रीतिकालीन कवियों को मुख्यतः रीतिबद्ध, रीतिसिद्ध तथा रीतिमुक्त वर्गों में बाँटा जा सकता है। इनमें से दूसरे अर्थात् रीतिसिद्ध कवियों के वर्ग में सब प्रमुख तथा सबसे उल्लेखनीय नाम बिहारीलाल का है। वस्तुतः सम्पूर्ण रीतिकालीन काव्य को महत्त्व और सौन्दर्य-मण्डित करने वाले प्रतिभाशाली कुछेक कवियों में बिहारीलाल भी एक हैं। आचार्य शुक्ल ने इनका जन्म ग्वालियर के पास बसु गोविन्दपुर गाँव में संवत् 1660 के आस-पास माना है। जबकि पं. विश्वनाथ प्रसाद मिसरा इन्हें संवत् 1652 में गवालियर में जन्मा मानते हैं। ये माथुर चौबे थे और इनका बचपन ओरछा (बुन्देलखण्ड) में बीता तथा जवानी में वे अपनी ससुराल मथुरा में आ गये थे। इनके पिता ग्वालियर से ओरछा चले गये, परन्तु ओरछा-दरबार के वैभवहीन होने पर यह वृन्दावन आ बसे। यहाँ इनकी काव्य-प्रतिभा से प्रभावित होकर मुगल बादशाह शाहजहाँ इन्हें आगरा ले आये। मुगल-दरबार के अन्य राजाओं, सामन्तों ने भी इनकी 'वृत्ति' बाँध दी। संवत् 1691-92 में जब यह अपनी वृत्ति लेने आमेर गये तब वहाँ के महाराज जयसिंह अपनी नई रानीं के मोह में फँसकर राज-काज भूलकर महल में ही पड़े रहते थे। जयसिंह की इस स्थिति को देखकर एक दोहा–'नहिं परागु नहिं मधुर मधु नहिं बिकासु इहिं काल। अली कली ही सौ बिन्ध्यौं, आगै कौन हवाल' लिखकर भिजवाया। इस अन्योक्ति के प्रभाव से महाराज जयसिंह पुनः राजकाज की ओर प्रवृत्त हुए तथा बिहारीलाल को पुरस्कृत करके अपने ही दरबार में स्थायी रूप से नियुक्त कर लिया। यहाँ बिहारी को प्रति दोहे पर एक अशरफी पुरस्कार में मिलती थी।

महाकवि बिहारी ने रसराज शृंगार के संयोग और वियोग दोनों पक्षों के वर्णन में अपनी प्रतिभा प्रदर्शित की है। वियोग का सबसे निखरा हुआ रूप प्रवास में दृष्टिगोचर होता है। बिहारी ने भी इसीलिए प्रवास का सबसे अधिक वर्णन किया है। प्रिय के सामने प्रेम का स्वांग दिखाना तो सरल है, परन्तु सबसे सच्चा

प्रेम वही है जो अपने प्रियतम के विरह में पागल हो उठता है। यही कारण है कि बिहारी ने अपनी रचनाओं में विरह का विशद वर्णन किया है। भक्ति के विषय में बिहारी किसी विशेष सिद्धान्त के मानने वाले नहीं थे, उन्होंने सगुण और निर्गुण दोनों प्रकार का वर्णन किया है। अपने मत के विषय में वे लिखते हैं—"अपने-अपने मत लगे वादि मचावत सोर, ज्यों-त्यों सबको सेइबौ, एकै नन्द किसोर ॥"

पाठ का सार : दोहे

(1) मेरी भव बाधा हरौ......................हरित-दुति होई।

हे चतुर समझदार राधा जी! मेरी सांसारिक बाधाएँ दूर करो। आप ऐसा कर सकते हो क्योंकि आपके तन की परछाईं पड़ते ही श्याम, कृष्ण हरे अर्थात प्रसन्नचित्त हो जाते हैं। श्याम हरि अर्थात ईश्वर हो जाते हैं।

(2) जपमाला छापै तिलक......................राँचे रामु।

नाम जप की माला, तिलक तथा छाप, एक से भी काम नहीं चलता है। कच्चे मनवाला व्यर्थ ही नाचता फिरता है, किन्तु राम केवल सच्चे मन वाले से ही प्रसन्न होते हैं।

(3) सीस मुकुट कटि काछनी......................बिहारी लाल।

सिर पर मुकुट, कमर में कमरबन्द, हाथ में बाँसुरी और गले में माला। श्रीकृष्ण के इस रूप में बिहारी लाल का सदैव मन बसा हुआ है।

(4) कनक-कनक ते सौ गुनी......................बौराय।

स्वर्ण और धतूरा दोनों का नशा एक दूसरे से सौ गुणा ज्यादा होता है। एक को खाकर मनुष्य पागल हो जाता है, दूसरे को पाकर पागल हो जाता है। यूँ जगत दोनों को पा खाकर पागल हो जाता है।

(5) नर की अरु नल-नीर की......................ऊँचों होय।

मनुष्य और नल के जल की एक ही प्रवृत्ति होती है मनुष्य जितना विनम्र होकर चलता है उतना ही उत्कर्ष को प्राप्त करता है और जल की धार जितनी नीचे चलती है उतना ही मनुष्य के काम आती है।

(6) नहिं परागु नहिं मधुर मधु......................कौन हवाल।

राजा जयसिंह जब एकदम कमउम्र पत्नी के मोह में फँसकर राजकाज भूल गये तब कवि बिहारी लाल ने कहा कि—अभी इस कली में पराग नहीं है, मधुरता

नहीं है, न ही यह पूर्ण विकसित है। यह भँवरा जो अभी ही इस कली से इतना बँध गया है, जब यह कली खिलेगी तो जाने क्या हो।

(7) बारौ बलि, तो दृगनु पर......................अधीन।

तुम्हारी इन आँखों पर खंजन पक्षी, हिरणी तथा मछली भी वार दूँ। जब से इन खंजन-सी आँखों, हिरणी-सी चितवन, मछली सी चंचल दृष्टि से देखा है, लाल यानी कृष्ण को वश में कर लिया है।

(8) दीरघ साँस न लेहु दुःख......................कबूलि।

दुख में लम्बी साँस मत लो, सुख में भूल मत जाओ दुख क्यों दिया राम मत कहो, वरन जो दिया है उसे स्वीकार करो।

(9) संगति सुमति न पावई......................सुगन्ध।

बुरी संगत में रहने से सद्बुद्धि की संगत वाला परिणाम नहीं निकलेगा। जैसे कपूर की संगत से हींग की सुगन्ध नहीं आ सकती।

(10) कोटि जतन कोऊ करौ......................नीचु।

चाहे करोड़ों जतन, उपाय कर लो प्रकृति के नियमों को नहीं बदल सकते। जल नल के सहारे ही ऊँचा चढ़ सकता है और नीच का अन्त नीचा ही रहता है।

दोहे

मेरी भव बाधा हरौ, राधा नागरि सोई।
जा तन की झाँई परै, स्याम हरित-दुति होई ॥1॥

जपमाला, छापै तिलक, सरै न एकौ कामु।
मन काँचै नाचै वृथा, साँचे राँचे रामु ॥2॥

सीस मुकुट कटि काछनी, कर मुरली उरमाल।
यह बालक मो मन बसौ, सदा बिहारीलाल ॥3॥

कनक-कनक ते सौगुनी, मादकता अधिकाय।
वा खाये बौराय जग, या पाये बौराय ॥4॥

नर की अरु नल-नीर की, एको गति करि जोय।
जेतौ नीचे ह्वै चले, तेतौ ऊँचो होय ॥5॥

नहिं परागु नहिं मधुर मधु, नहिं विकासु इहिकाल।
अलि कली ही सौं बंध्यौ, आगे कौन हवाल ॥6॥

बारौ बलि, तो दृगनु पर, अलि, खंजन मृग मीन।
आयौ डीठि—चितौन जिहि, किए लाल अधीन ॥7॥

दीरघ साँस न लेहु दुःख, सुख साईहिं न भूलि।
दई दई क्यों करतु है, दई दई सु कबूलि ॥8॥

संगति सुमति न पावई, परे कुमति के धंध।
राखौ मेल कपूर में, हींग न होय सुगंध ॥9॥

कोरि जतन कोऊ करौ, परै न प्रकृतिहिं बीचु।
नल-बल जलु ऊँचौ चढ़ै, अन्त नींच कौ नीचु ॥10॥

शब्दार्थ

1. **भव-बाधा**–सांसारिक दुःख; **नागरि**–चतुर; **सोई**–वही; **जा**–जिसके; **झांई परै**–(1) परछाईं पड़ते ही (2) झलक पड़ते ही (3) ध्यान करते ही; **स्यामू**–(1) श्याम र;ग वाले कृष्ण (2) श्री कृष्ण (3) श्याम राग वाले पदार्थ, दुःख पाप आदि; **हरित दुति**–(1) हरे रागवाले (2) प्रसन्न (3) प्रभावहीन;
2. **जपमाला**–जपने की माला; **सरै न**–नही; निकलता; **एकौ**–एक भी; कुछ भी; **मन काँचे**–कच्चे मन वाला ही; **नाचै वृथा**–बिना कुछ लाभ के नाचता हूँ; **साँचे**–सच्चे ही से; **राँचे**–प्रसन्न होता है।
3. **कटि**–कमर; **काछनी**–कमरबंध; **इहि**–इसी; **बानक**–वेष; **बिहारीलाल**–कृष्ण।
4. **कनक**–सोना; **कनक**–धूतरा; **ते**–से; **मादकता**–पागल बनाने की **शक्ति**; उन्मत्त करने की शक्ति; **अधिकाय**–.ज्यादा हो जाना।
5. **नर**–मनुष्य; **नल नीर**–नल का पानी; **गति**–दशा; **एकौ करि**–एक-सी ही; **जोय**–देखो; **जेतौ**–जितना ही; **नीचौ ह्वै**–नम्र होकर; **तेतौ**–उतना ही; **ऊँचौ होई**–ऊँचा हो जाता है, श्रेष्ठ बन जाता है।
6. **परागु**–पराग, सौरभ; **मधु**–मकरंद; **विकास**–प्रस्फुटन; **अली**–मित्र/सखी, भ्रमर; **हवाल**–दशा।
7. **बारौ**–निछावर करना; तो दृगनु पर–तुम्हारी आँखों पर; मृग–हिरण; **डीठि चितौन जिहि**–आधी दृष्टि से ही।
8. **दीरघ**–लम्बी; **साँस न लेहु दुःख**–दुःख पड़ने पर लम्बी साँस लेना; **सुख**–सुख में; **साईहिं**–भगवान को; **न भूलि**–मत भूलो; **दई दई**–हे ईश्वर, हे राम; **दई**–दिया है; **सु**–उसे; **कबूलि**–स्वीकार करो।
9. **संगति**–साथ; **सुमति**–सद्‌बुद्धि; **कुमति**–बुरी बुद्धि, बुरे लोग; **राखो**–रखो; **न हो**–नहीं होती।
10. **कोरि**–कोटि, करोड़; **बीचु**–परिवर्तन; **नल-बल**–नल के सहारे।

मैथिलीशरण गुप्त

परम वैष्णव बाबू मैथिलीशरण गुप्त का जन्म चिरगाँव (झाँसी) में एक सम्पन्न परिवार में हुआ। बचपन से ही इनका रुझान कविता की ओर था। गुप्त जी के पिताजी की भी कविता-लेखन में रुचि थी। उन्होंने तथा आचार्य महावीरप्रसाद द्विवेदी ने इनके काव्य संस्कारों को प्रोत्साहित किया। इन्होंने अपना कवि-जीवन ब्रजभाषा से प्रारम्भ किया।

गुप्त जी अनेक वर्षों तक राज्यसभा के सदस्य रहे। उन्हें 'राष्ट्रकवि' की उपाधि से भी सम्मानित किया गया। आगरा विश्वविद्यालय ने उन्हें डी.लिट्. की मानद डिग्री प्रदान कर स्वयं को गौरवान्वित किया। 'साकेत' पर आपको हिन्दी साहित्य सम्मेलन की ओर से मंगलाप्रसाद पारितोषिक दिया गया था। आपकी रचनाएँ भारतीय संस्कृति के प्रति गहरी निष्ठा तथा राष्ट्र के प्रति प्रेम से ओत-प्रोत हैं। उन्होंने अपनी रचनाओं में पुराख्यानों को आधुनिक सन्दर्भों में प्रस्तुत किया है। उपेक्षित नारी के प्रति गुप्त जी में असीम सहानुभूति है और उन्हें परम्परागत आक्षेपों अथवा उपेक्षाओं से उन्होंने मुक्त करने की कोशिश भी की है।

'भारत भारती' में प्राचीन भारतीय गौरव के प्रति कवि की आस्था व्यक्त हुई है। उसमें आर्य समाज के तत्कालीन आन्दोलन का प्रभाव है। फिर भी कवि ने भविष्य के लिए आशा का सन्देश दिया है। 'भारत भारती' ने उन दिनों विदेशी शासन से मुक्ति पाने में अपूर्व प्रेरणा दी। समूचे हिन्दी-भाषी प्रदेश को उद्‌बुद्ध और प्रेरित करने में इस पुस्तक ने प्रशंसनीय शक्ति का परिचय दिया। 'साकेत' नामक महाकाव्य में गुप्त जी मर्यादा प्रेमी भारतीय कवि के रूप में आये हैं। उनके चित्त में परिवार-विच्छिन्न प्रेम की ऐकान्तिक संवेदना जाग्रत करने वाले भावावेग का बहुत अधिक मूल्य नहीं है। मैथिलीशरण गुप्त ने लगभग आधी शताब्दी तक हिन्दी-भाषी जनता को निरन्तर प्रेरणा दी। वे सच्चे अर्थों में राष्ट्र कवि हैं।

मुख्य रचनाएँ : भारत भारती, जयद्रथ वध, पंचवटी, साकेत, यशोधरा, सिद्धराज तथा द्वापर आदि।

पाठ-सार : सखि, वे मुझसे कहकर जाते

सिद्धि हेतु स्वमी गए.......................कहकर जाते।

हे सखी! मेरे स्वामी साधना एवं सिद्धि प्राप्ति हेतु गये हैं, यह गौरव की बात है। परन्तु मुझे बिना बताये चुपके से, चोरी से चले गये इस बात का मुझे अपार दुख है। हे सखी! वे मुझसे कहकर जाते तो क्या मैं उन्हें रोक लेती? यदि वे बताकर जाते तो मैं उनके मार्ग की बाधा थोड़े ही बनती?

वे मुझे बहुत मानते हैं परन्तु मुझे पहचाना नहीं। परन्तु मैंने तो उनके विचारों को ही मुख्य माना है। हम स्त्रियाँ ही पति, पुत्र और भाई को क्षणभर में अस्त्र-शस्त्रों से सजा कर रण में भेज देती हैं। हम क्षत्रिय धर्म निभाती हैं। एक बार वे मुझसे कहकर तो जाते।

मुझ अभागी के भाग्य में तो यह गौरव का क्षण भी नहीं आया। अब किस पर गर्व करूँ? बार-बार यही याद आ रहा है कि जिसने मुझे अपनाया था उसी ने त्याग दिया। मेरे नयन उन्हें भले ही निष्ठुर कह रहे हैं, परन्तु इनसे जो आँसू बहते हैं उनको वे कैसे सहन कर पाते। सम्भवतः मुझ पर तरस खाकर ही वे जाते। वे एक बार मुझे कहकर जाते।

वे जायें, सभी प्रकार की सिद्धियाँ पायें, सुखपूर्वक साधना करें। मेरे दुख से दुखी न हों। मैं किस मुँह से उन्हें उलाहना दूँ? यदि वे ऐसा करते तो मुझे बहुत भाते। गये हैं तो लौटकर भी आयेंगे। कुछ अपूर्व अनोखा लेकर भी आयेंगे। मेरे रोते हुए प्राण ही उन्हें पायेंगे। हे सखी, यदि वे मुझे कहकर जाते तो मेरे प्राण पता नहीं किस-किस प्रकार से उनका गुणगान करते।

पाठ-सार : दोनों ओर प्रेम पलता है

सखि, पतंग भी जलता है हा!.......................प्रेम पलता है।

प्रस्तुत खण्ड साकेत के नवम सर्ग से लिया गया है। विरहिणी उर्मिला कह रही है कि—हे सखी! पतंग भी जलता है, दीपक भी जलता है। दीपक हिलती लौ के द्वारा मानो यह कहता है कि बन्धु पतंग तू क्यों स्वयं को जलाता है, दहन करता है, परन्तु पतंगा बेचैन होकर फिर भी जलता है क्योंकि दोनों के मन में

प्रेम पलता है। दीपक की ज्योति से बचकर भी पतंगे को मरना ही है, फिर प्रेम के बिना प्राणों का क्या महत्त्व? प्रेम की यह पराकाष्ठा है कि बचकर करे क्या? यह असफलता नहीं है, असल में दोनों ओर प्रेम की अधिकता है।

पतंगा दीपक से कहता है मन मारकर कि तुम महान हो, जगत को उजाला देते हो, मैं बेशक छोटा हूँ परन्तु क्या मरना भी हमारे हाथ में नहीं है? प्रेम में शरण देकर दीपक किसे छलता है। यहाँ तो मरकर ही प्रेम प्रकट करना है। हे सखी,दीपक के जलते रहने में ही जीवन की गरिमा है। जीवन की सुन्दरता है। परन्तु पतंगे के भाग्य में तो राख हो जाना ही लिखा है। इस पर किसका वश चलता है, दोनों ओर प्रेम पलता है।

यह संसार वणिकवृत्ति का है। सबसे लेन-देन का भाव रखता है। दुनिया कर्मपथ का संघर्ष नहीं देखती, केवल परिणाम पर ही दृष्टि रखती है। मुझे यही अखरता है। हे सखी, दोनों ओर प्रेम पलता है।

सखि, वे मुझसे कहकर जाते

सिद्धि-हेतु स्वामी गये, यह गौरव की बात,
पर चोरी-चोरी गये, यही बड़ा व्याघात।
सखि, वे मुझसे कहकर जातें,
कह, तो क्या मुझसे वे अपनी पथ-बाधा ही पाते?

मुझको बहुत उन्होंने माना,
फिर भी क्या पूरा पहचाना?
मैंने मुख्य उसी को जाना,
जो वे मन में लाते
सखि, वे मुझसे कहकर जाते!
स्वयं सुसज्जित करके क्षण में
प्रियतम को प्राणों के पण में,
हमीं भेज देती हैं रण में—
क्षात्र-धर्म के नाते।
सखि, वे मुझसे कहकर जाते।

हुआ न यह भी भाग्य अभागा,
किस पर विफल गर्व अब जागा?
जिसने अपनाया था, त्यागा;
रहे स्मरण ही आते!
सखि, वे मुझसे कहकर जाते।

नयन उन्हें हैं निष्ठुर कहते,
पर इनसे जो आँसू बहते,
सदय हृदय वे कैसे सहते,
गए तरस ही खाते!
सखि, वे मुझसे कहकर जाते!

जाए, सिद्धि पावें वे सुख से,
दुःखी न हों इस जन के दुःख से,
उपालम्भ दूँ मैं किस मुख से?
आज अधिक वे भाते।
सखि, वे मुझसे कहकर जाते!

गये, लौट भी वे आवेंगे,
कुछ अपूर्व-अनुपम लावेंगे,
रोते प्राण उन्हें पावेंगे?
पर क्या गाते गाते।
सखि, वे मुझसे कहकर जाते।

दोनों ओर प्रेम पलता है

दोनों ओर प्रेम पलता है।
सखि, पतंग भी जलता है हा! दीपक भी जलता है!
सीस हिला कर दीपक कहता–
"बन्धु, वृथा ही तू क्यों दहता?"
पर पतंग पड़ कर ही रहता! कितनी विह्वलता है।
दोनों ओर प्रेम पलता है।

बचकर हाय! पतंग मरे क्या?
प्रणय छोड़ कर प्राण धरे क्या?
जले नहीं तो मरा करे क्या? क्या यह असफलता है?
दोनों ओर प्रेम पलता है।

कहता है पतंग मन मारे–
"तुम महान, मैं लघु, पर प्यारे,
क्या न मरण भी हाथ हमारे? शरण किसे छलता है?"
दोनों ओर प्रेम पलता है।

दीपक के जलने में आली,
फिर भी है जीवन की लाली,
किन्तु पतंग-भाग्य-लिपि काली, किसका वश चलता है?
दोनों ओर प्रेम पलता है।

जगती वणिग्वृत्ति है रखती,
उसे चाहती जिससे चखती;

काम नहीं परिणाम निरखती, मुझे वही खलता है।
दोनों ओर प्रेम पलता है।

शब्दार्थ

सखि, वे मुझसे कहकर जाते

व्याघात—आघात; गहरी चोट; **भाना**—अच्छा लगना; **प्राणों के पण**—प्राण की बाज़ी; **उपालम्भ**—शिकायत।

दोनों ओर प्रेम पलता है

वृथा—बेकार में; **धर**—रखे; **भाग्य-लिपि**—भाग्य का लिखा; **वणिग्वृत्ति**—जो सिर्फ लेन-देन? खरीद-बेच में विश्वास करता हो।

जयशंकर प्रसाद

श्री जयशंकर प्रसाद का जन्म सन् 1889 ई. में पवित्र नगरी वाराणसी में हुआ। इनके पूर्वज सुँघनी-सुरती (तम्बाकू) का व्यापार करते थे तथा सुँघनी साहू नाम से विख्यात थे। परिस्थितिवश प्रसाद जी को भी जीवनयापन के लिए इसी व्यवसाय का आश्रय लेना पड़ा। इनकी किशोर अवस्था में ही माता-पिता का देहावसान हो जाने के कारण पन्द्रह वर्ष की आयु में ही स्कूल की पढ़ाई छूट गयी। घर-गृहस्थी का बोझ इनके कन्धों पर आ पड़ा। इसके उपरान्त घर पर रहकर ही अपना अध्ययन जारी रखा तथा हिन्दी, संस्कृत, अंग्रेज़ी, बंगाली आदि भाषाओं का उच्चकोटि का ज्ञान अर्जित किया। साहित्य, पुरातत्त्व, प्राचीन इतिहास, दर्शन आदि विषयों के ज्ञान को उपलब्ध कर इनका उपयोग अपनी बाद की कृतियों—नाटकों, काव्यों, कहानियों, उपन्यासों में किया।

प्रसाद जी की प्रारम्भिक रचनाएँ खड़ी बोली हिन्दी में 'कानन कुसुम' शीर्षक से प्रकाशित हुईं। अपने समय की उच्चस्तरीय पत्रिका 'इन्दु' के द्वारा इन्होंने उदीयमान साहित्यकारों को मंच दिया। 'लहर', 'झरना', 'आँसू' उनकी मुक्तक काव्य रचनाओं के संग्रह हैं। 'कामायनी' महाकाव्य में उनकी प्रतिभा उन्हें विश्व-साहित्य में अग्रणी कवियों की पंक्ति में आसीन करती है। हिन्दी में छायावाद के उन्नायकों में वह प्रथम पंक्ति के कवि हैं। काव्य के अतिरिक्त उनकी बहुमुखी प्रतिभा ने नाटक, कहानी, उपन्यास के क्षेत्रों में भी अपनी पताका फहरायी। 'स्कन्दगुप्त', 'चन्द्रगुप्त', 'अजातशत्रु' नाटकों में इन्होंने मौर्यकालीन भारत के राजनीतिक, सामाजिक कीर्तिमानों के ऐतिहासिक, पुरातात्विक आयाम रचे हैं तो 'कंकाल' और 'तितली' उपन्यासों में आधुनिक युगीन सामाजिक परिस्थितियों के मार्मिक पक्ष उठाये हैं। काव्यों में भावपक्ष, प्रकृति-चित्रण, दार्शनिक चिन्तन-विचार, तात्विक आधार को लेकर रसोद्रेक के नये आयाम प्रकट किये हैं। 'प्रसाद' प्रकृति के और मनुष्य के सौन्दर्य को

पूर्ण रूप से उपभोग्य बनाने वाले कवि हैं। सौन्दर्य-पार्थिव सौन्दर्य के प्रति प्रसाद का आकर्षण बहुत अधिक है। उन्होंने गम्भीर अध्ययन, चिन्तन और मनन के माध्यम से अपने भीतर के सौन्दर्य प्रेमी मनोभाव को रहस्यवादी कविता के आवरण में प्रकट किया है। प्रसाद जी का निधन वाराणसी में सन् 1937 ई. में हुआ।

पाठ-सार : पुकार

चिर तृषित कंठ से.......................कभी प्यार!

युगों से प्यारे अतृप्त विधुर के गले से यह कौन दीन-हीन स्वर में आतुर होकर, बेहद तिरस्कार पाये हुए अर्थ की तरह काँपती आवाज़ में हीन तथा मंद स्वर में कह रहा है कि मुझको न मिला रे कभी प्यार!

सागर-लहरों-सा आलिंगन.......................कभी प्यार!

प्रतिदिन सागर की लहरें जैसे आलिंगन की लालसा में उठती हैं और फिर निष्फल होकर किनारों से टकराकर गिर जाती है। यह जो जल राशि है अनन्त है, असीम है परन्तु वह एक लघु कण की ओर निहारकर धीरे से पुकार उठता है कि मुझको न मिला रे कभी प्यार।

अकरुण वसुधा से.......................कभी प्यार!

यह धरती जो करुणा रहित हो गयी लगता है, उससे एक मुस्कान भर मिलने को उसका मन ललक रहा है। इस एक मुस्कान के आलोक में मेरे सारे कर्म पावन पवित्र हो सकते हैं, उदार हो सकते हैं, धीरे से पुकार उठता है कि मुझको न मिला रे कभी प्यार।

फैलाती है जब उषा राग.......................कभी प्यार!

प्रातः जब हर तरफ लाल रंग का स्नेह-सा फैलाती है उसी समय से हृदय में संन्यास की-सी भावना जाग जाती है। वंचना, पीड़ा, घृणा, मोह आदि सभी भाव मिलकर अन्धकार बिखरा देते हैं। धीरे-से वह पुकार उठता है कि मुझको न मिला रे कभी प्यार।

जीवन-रजनी का अमल इन्दु.......................कभी प्यार!

जीवन रात्रि की अमृत बूँद स्वाति स्वाति नक्षत्र की एक बूँद भी न मिली जो सीप में आती और मोती बनती। इससे अपना लक्षहार पूरा हो जाता। परन्तु ऐसा न हुआ।

ढल विरल डालियाँ......................कभी प्यार!

ये रस से भरी डालियाँ हैं, इनमें पराग भरा हुआ है और झुक गयी हैं, किन्तु मेरा हृदय अपने ही दुख और विषाद में घिर गया है। वंचना, पीड़ा, उपेक्षा के काँटों से छिद गया है। किन्तु प्यार न मिला।

पागल रे!......................कभी प्यार!

इतना दुख सहकर अन्त में पता लगता है कि पागल मन वह इच्छित प्यार मिलता कब है? वह तो सबको देना ही पड़ता है। जिस प्रकार तू प्यार के लिए याचना कर रहा है। इस प्रकार तो आसुओं के कण-कण की तरह गिनकर पूरा विश्व ऋण की तरह उधार लिये हुए हैं। फिर तू क्यों पुकारता है कि मुझको न मिला कभी प्यार! वास्तव में व्यक्ति ही, परिवार, समाज या राष्ट्र उससे प्यार माँगने से पूर्व हमें उसको प्यार देना होता है। जिस प्रकार अधिकार के साथ कर्त्तव्य जुड़ा है उसी प्रकार प्यार माँगने के साथ देना जुड़ा हुआ है।

पाठ-सार : किरण

किरण!......................वहाँ वसन्त।

सूर्य किरण को सम्बोधित कर कवि उससे बिखरने तथा विस्तृत होने, किसी के अनुराग में होने की पूछ रहा है।

यह किरण के प्रति अनुरक्त है, परमाणु पराग उड़ा रही है, प्रार्थना की तरह झुकी है; वेदना की दूत-सी है, उषा के आँचल में नाचती है। किसकी ताल पर नृत्य कर रही है? प्रकृति को परम आनन्द दे रही है। स्वर्ग को भूलोक से मिला रही है। जाने कैसा सम्बन्ध इस लोक से उस लोक का जोड़ रही है। यह किरण इतनी चपलता से चल रही है, क्या इसे विश्राम नहीं करना है? अभी पुष्प के मन का द्वार खुलेगा जहाँ वसन्त सोया है, यह उसे जगा देगी।

प्रस्तुत कविता में किरण का मानवीकरण किया गया है। प्रकृति और मनुष्य के बीच बनता हुआ नवीन सम्बन्ध यहाँ दिखायी पड़ रहा है।

पुकार

चिर तृषित कण्ठ से तृप्ति-विधुर
वह कौन अकिञ्चन अति आतुर
अत्यन्त तिरस्कृत अर्थ सदृश
ध्वनि कम्पित करता बार-बार,
धीरे से वह उठता पुकार—
मुझको न मिला रे कभी प्यार!

सागर लहरों-सा आलिङ्गन
निष्फल उठकर गिरता प्रतिदिन;
जल वैभव है सीमा-विहीन,
वह रहा, एक कन को निहार,
धीरे से वह उठता पुकार—
मुझको न मिला रे कभी प्यार!

अकरुण वसुधा से एक झलक
वह स्मृत मिलने को रहा ललक
जिसके प्रकाश में सकल कर्म
बनते कोमल उज्ज्वल उदार,
धीरे से वह उठता पुकार—
मुझको न मिला रे कभी प्यार!

फैलाती है जब उषा राग
जग जाता है उसका विराग,

वञ्चकता, पीड़ा, घृणा, मोह
मिलकर बिखेरते अन्धकार;
धीरे से वह उठता पुकार—
मुझको न मिला रे कभी प्यार!

जीवन-रजनी का अमल इन्दु
न मिला स्वाती का एक बिन्दु,
जो दृश्य सीप में न मोती बन
पूरा कर देता लक्षहार,
धीरे से वह उठता पुकार—
मुझको न मिला रे कभी प्यार!

ढल विरल डालियाँ मुकुल
झुकतीं सौरभ रस लिए अतुल,
अपने विषाद-विष में मूर्च्छित,
काँटों से बिंधकर बार-बार;
धीरे से वह उठता पुकार—
मुझको न मिला रे कभी प्यार!

पागल रे! वह मिलता है कब?
उसको तो देते ही हैं सब।
आँसू के कन-कन से गिनकर
वह विश्व लिए हैं ऋण उधार,
तू क्यों फिर उठता पुकार—
मुझको न मिला रे कभी प्यार!

किरण

किरण! तुम क्यों बिखरी हो आज,
रँगी हो तुम किसके अनुराग।
स्वर्ण सरसिज किंजल्क समान,
उड़ाती हो परमाणु पराग ॥

धरा पर झुकी प्रार्थना सदृश,
मधुर मुरली-सी फिर भी मौन,
किसी अज्ञात विश्व की विकल—
वेदना-दूती-सी तुम कौन?

अरुण शिशु के मुख पर सविलास
सुनहरी लट घुँघराली कान्त,
नाचती हो जैसे तुम कौन?
उषा के अंचल में अश्रान्त।

भला उस भोले मुख को छोड़,
और चूमोगी किसका भाल?
मनोहर यह कैसा है नृत्य,
कौन देता है सम पर ताल?

कोकनद मधु धारा-सी तरल
विश्व में बहती हो किस ओर?
प्रकृति को देती परमानन्द

उठाकर सुन्दर सरस हिलोर।
स्वर्ग के सूत्र-सदृश तुम कौन,
मिलाती हो उससे भूलोक?
जोड़ती हो कैसा सम्बन्ध,
बना दोगी क्या विरज विशोक?

सुदिन-मणि-वलय विभूषित उषा–
सुन्दरी के कर का संकेत–
कर रही हो तुम किसको मधुर,
किसे दिखलाती प्रेम-निकेत?

चपल! ठहरो कुछ लो विश्राम,
चल चुकी हो पथ शून्य अनन्त,
सुमन मन्दिर के खोलो द्वार,
जगे फिर सोया वहाँ वसन्त।

शब्दार्थ

पुकार

चिर तृषित–लम्बे समय ये प्यासा; **तृप्ति-विधुर**–तृप्ति से वंचित, अतृप्त; **अकिंचन**–बिलकुल दरिद्र; **आतुर**–व्याकुल, अत्यन्त तिरस्कृत; **अर्थ सदृश**–बहुत छिपे हुए अर्थ के समान; **स्मित**–मन्दहार मुस्कान; **ललकना**–बहुत चाहना; **राग**–लाल रंग, प्रेम, आसक्ति; **विराग**–विरक्त; **अमल इन्दु**–स्वच्छ चन्द्रमा; **दृश्य-सीपे**–नयन रूपी सीपी; **लक्षहार**–मोतियों की माला; **विरल**–जो सघन न हो; **मुकुल**–खिलती कली; **ऋण**–कर्ज़।

किरण

सरसिज–कमल; **किंजल्क**–कमल का पराग; **धरा**–पृथ्वी; **मुरली**–बाँसुरी; **विकल**–व्याकुल; **वेदना**–पीड़ा; **अरुण**–लाल सूर्य; **सविलास**–विलसित; **सरस**–रसयुक्त; **विरज-विशोक**–शोकहीन; **निकेत**–घर; **विश्राम**–आराम; **सुमन**–पुष्प।

सुमित्रानन्दन पंत

छायावाद के सुकुमार कवि पन्त का जन्म अल्मोड़ा जिले के कौसानी नामक पर्वतीय ग्राम में हुआ था। जन्म के छह महीने बाद ही इनकी माताजी का देहावसान हो गया। इनके बचपन का नाम गोसाईंदत्त पन्त था। शिशु-अवस्था से ही प्रकृति के क्रोड में पलने के कारण इनकी कविताओं में प्रकृति के बहुरंगी चित्र मिलते हैं। प्रकृति इनको प्रिया, माँ, सहचरी तथा सखी सभी रूपों में आकर्षित करती रही।

काव्य-जीवन के प्रारम्भ में आप छायावाद से जुंड़े, तदनन्तर मार्क्सवाद एवं गाँधीवाद के अन्तर्बाह्य संयोजन में अपनी वैचारिक भूमि तलाशते रहे। जीवन के सन्ध्याकाल में वे अरविन्द चेतना की ओर मुड़ गये। इस प्रकार सुन्दर से प्रारम्भ इनकी यात्रा शिव का संस्पर्श करती हुई सत्य के घाट जा लगी। 'लोकायतन' नामक महाकाव्य पर इन्हें साहित्य अकादमी तथा 'चिदम्बरा' पर इन्हें भारतीय ज्ञानपीठ का पुरस्कार मिला था। कुछ समय तक इन्होंने 'रूपाभ' पत्रिका का सम्पादन किया था। पन्त जी ने 'कल्पना' नामक फ़िल्म के लिए गीत भी लिखे थे।

पन्त प्रकृति को मानव सहचरी के रूप में देखते हैं और उसमें अनन्त प्रेरणाएँ पाते हैं। पन्त जी की प्रारम्भिक रचनाओं में प्रकृति का सहज सौन्दर्य-स्फुरण मिलता है। उनकी स्वदेश प्रेम सम्बन्धी चेतना का स्वरूप सांस्कृतिक है और अपने देश-प्रेम के भावों को उन्होंने सांस्कृतिक जागरण की आकांक्षा से मण्डित किया। उसमें केवल क्षणिक आवेश नहीं बल्कि स्थायी मनोभाव है। 'ग्राम्या' और 'युगवाणी' में पन्त की कई देश-प्रेमपूर्ण कविताएँ मिलती हैं और 'भारत माता ग्रामवासिनी' गीत की भावव्यंजना अपने ढंग की अनूठी है। अपने खण्ड-काव्य 'ग्रन्थि' में उन्होंने उन्मुक्त-प्रेम की विफलता का चित्रण किया है।

मुख्य रचनाएँ

कविता–पल्लव, गुंजन, ग्रन्थि, ग्राम्या, स्वर्णकिरण, कला और बूढ़ा चाँद, लोकायतन।

नाटक–ज्योत्स्ना।

कहानी–पाँच कहानियाँ।

पाठ-सार : सुख-दुःख

कवि जीवन में सभी भावों को आवश्यक मानता है। जब तक दुखानुभूति न हो सुख का आस्वादन भी नहीं हो सकता। ऐसा कवि का दर्शन है। वह स्पष्ट तौर पर कहता है कि मैं लगातार सुख या दुख नहीं चाहता। इनकी आँख-मिचौली से जीवन का वास्तविक रूप बनता है।

बादलों में छिपते चाँद-सा सुख-दुःख लुकता-छिपता रहे। यह जगत अति दुख, अति सुख से पीड़ित है। ये दोनों समान रूप से सबमें बँट जायें।

इनका लगातार होना उत्पीड़न है। ये रात-दिन की तरह आते-जाते रहें। प्रातः तथा सन्ध्या का मिलन-सा, हँसना-रोना-सा चलता रहे मनुष्य का जीवन। जीवन में सुख-दुःख अदला-बदली सी करते रहें पूरी तरह जम न जायें।

पाठ-सार : ताज

कवि ताजमहल को देखकर एक नये विचार को प्रस्तुत करता है कि मृत्यु का इतना भव्य पूजन? जब मनुष्य का जीवन भी संकट, संघर्ष और पीड़ा से जूझ रहा हो। जो जीवित हैं उन पर शहंशाह का ध्यान न गया, उनके लिए कुछ न किया और मृत के लिए इतना श्रम, इतना व्यय?

हम कैसे हो गये हैं कि मृत देह को तो खूब मान-सम्मान दे रहे हैं, परन्तु जीवित जनता को कुछ न दिया।

कवि मानता है कि ताज मोह में अन्धे का आदर्श है, उसके हृदय में घर किये हुए है। हम यह अनश्वर संदेश भूल गये हैं कि मृतकों के तो मृतक रखवाले हैं और जो जीवित हैं उनका ईश्वर ही भला चाहने वाले हैं।

सुख-दुःख

मैं नहीं चाहता चिर सुख
चाहता नहीं अविरत दुःख।
सुख-दुःख की खेल-मिचौनी,
खोले जीवन अपना मुख ॥

सुख-दुःख के मधुर मिलन से
यह जीवन हो परिपूरन।
फिर घन में ओझल हो शशि।
फिर शशि में ओझल हो घन ॥

जन पीड़ित है अति दुःख से,
जब पीड़ित है अति सुख से।
मानव जग में बँट जाये,
दुःख सुख से औ' सुख-दुःख से ॥

अविरल दुःख है उत्पीड़न,
अविरल सुख भी उत्पीड़न।
दुःख-सुख की निशा-दिवा में
सोता जगता जग-जीवन ॥

वह साँझ-उषा का आँगन,
आलिंगन विरह-मिलन का
चिर हास-अश्रुमय आनन
रे इस मानव जीवन का!

ताज

हाय! मृत्यु का ऐसा अमर, अपार्थिव पूजन?
जब विषण्ण, निर्जीव पड़ा हो जग का जीवन!
संग-सौध में हो शृंगार मरण का शोभन,
नग्न, क्षुधातुर वास-विहीन रहें जीवित जन!

मानव! ऐसी भी विरक्ति क्या जीवन के प्रति?
आत्मा का अपमान, प्रेत औ' छाया से रति!
प्रेम अर्चना, यही करें हम मरण को वरण?
स्थापित कर कंकाल, भरें जीवन का प्रांगण

शव को दें हम रंग, आदर मानव का
मानव को हम कुत्सित चित्र बना दें शव का?
गत युग के मृत आदर्शों के ताज मनोहर
मानव के मोहांध हृदय में किए हुए घर

भूल गए हम जीवन का संदेश अनश्वर,
मृतकों के हैं मृतक जीवितों का है ईश्वर!

शब्दार्थ

सुख-दुःख

अविरत–निरन्तर; **खेल-मिचौनी**–आँखमिचौनी (आँख मूँदकर छिपने और खोजने का खेल); **ओझल होना**–अप्रत्यक्ष होना, दिखायी न देना; **आनन**–चेहरा।

ताज

अपार्थिव–जो पृथ्वी सम्बन्धी न हो; **विषण्ण**–दुःखी; **क्षुधातुर**–भूखा; **वास**–घर; **रति**–प्रेम; **कुत्सित**–निन्दित।

सूर्यकान्त त्रिपाठी 'निराला'

ओजस्विता, दार्शनिक गम्भीरता तथा राष्ट्रीय भावनाओं के उदात्त स्वर उठाकर हिन्दी कविता को नवीन आयाम पर ला खड़ा करने का श्रेय सूर्यकान्त त्रिपाठी 'निराला' जी को ही है। उनके बहुमुखी व्यक्तित्व तथा प्रतिभा ने साहित्य के जिस अंग को भी स्पर्श किया उसे चरमोन्नति तक पहुँचा दि.ा। भावुकता तथा पौरुष के अद्‌भुत समन्वय वाले 'निराला' जी का व्यक्तित्व अन्य छायावादियों की तुलना में सर्वाधिक गरिमामय था। जीवन की विपरीत परिस्थितियों से निरन्तर जूझने वाले 'निराला' ने स्वयं आत्मपरिचय देते हुए लिखा है—"मेरे पास एक कवि की वाणी, कलाकार के हाथ, पहलवान की छाती और दार्शनिक के पैर हैं।" महाप्राण निराला जी का जन्म 1898 ई. की वसन्त-पंचमी के दिन हुआ। बंगाल के महिषादल राज्य के कर्मचारी अपने पिता पं. रामसहाय जी के अत्यन्त कठोर और क्रूर अनुशासन में रहकर उन्होंने राज्य की ओर से व्यवस्थित बंगला, संस्कृत एवं अंग्रेज़ी भाषाओं के अतिरिक्त बंगला संगीत की शिक्षा प्राप्त की।

अपने समकालीन अन्य सभी छायावादी कवियों की तरह प्रकृति के उपादानों को प्रतीक रूप में देखने की छायावादी प्रवृत्ति निराला जी में भी थी। अपनी एक कविता में वे बादल से 'झूम-झूम मृदु गरज-गरज घनघोर राग अमर अम्बर में भर निज रोर' की प्रार्थना करते हैं तो दूसरी कविता में बादल को विप्लव का प्रतीक मानते हुए उससे कृषक अधीर का कष्ट दूर करने का अनुरोध करते हैं। उनकी स्वदेश प्रेम सम्बन्धी चेतना का स्वरूप सांस्कृतिक है। अपने प्रसिद्ध गीत 'भारति जय विजय करे' में प्रकृति सौन्दर्य पर आधारित भारतमाता का एक सर्वांगीण चित्र वे प्रस्तुत करते हैं। देश के प्राचीन सांस्कृतिक गौरव का निरन्तर ध्यान करने वाले 'निराला' का हृदय वर्तमान भारत की आर्थिक विपन्नता से दुखित

हुआ और उन्होंने अपने गीत में यह कामना व्यक्त की कि भारत की ऐश्वर्य देवी जागे और उसकी दृष्टि भारत के भीतर के व्यवसाय में ही नहीं, बल्कि बाहर भी जाये, समस्त संसार में फैले।

काव्य-संकलन—परिमल, बेला, नये पत्ते, अनामिका, अणिमा, गीतिका, अपरा, तुलसीदास, अर्चना, आराधना, गीतगुंज, सान्ध्यकावली।

कहानी-संकलन—लिली, सुकुल की बीवी, चतुरी चमार और सखी।

उपन्यास—अलका, अप्सरा, चमेली, चोटी की पकड़, निरुपमा, प्रभावती, उच्छृंखल।

रेखाचित्र—कुल्ली भाट, बिल्लेसुर बकरिहा।

निबन्ध—प्रबन्धपद्य, प्रबन्ध प्रतिमा, प्रबन्ध परिचय, रवीन्द्र काननकुसुम।

पाठ-सार : वह तोड़ती पत्थर

प्रस्तुत कविता में निराला पत्थर तोड़ने वाली एक श्रमिक स्त्री के संघर्ष को स्वर दे रहे हैं। यहाँ महत्त्वपूर्ण बात यह है कि स्त्री इलाहाबाद के पथ पर पत्थर तोड़ रही है। तत्कालीन स्थितियों में इलाहाबाद साहित्य, संस्कृति तथा राजनीति का केन्द्र था, इस कारण कविता और ज्यादा व्यंजक हो जाती है। कहीं कोई छायादार वृक्ष नहीं है जहाँ वह आराम कर सके। उसका साँवला तन है, मजबूत देह है, भारी हथौड़े से बार-बार प्रहार कर वह जैसे ऊँचे-ऊँचे भवनों को चुनौती दे रही है।

बहुत ज्यादा गर्मी थी। दिन जैसे सुलग रहा था। जब लेखक से उसकी नज़रें मिलीं तो उसने ऐसी दृष्टि से देखा जैसे मार खायी है परन्तु रोई नहीं है। कवि को जैसे सधे हुए सितार जैसी झँकार सुन ली हो और जैसे वह कह रही हो कि मैं तोड़ती पत्थर।

पाठ-सार : भिक्षुक

जनसाधारण के दुःख-दर्द से एकाकार होते हुए कवि निराला 'भिक्षुक' की व्यथा को कविताबद्ध करते हैं।

कवि निराला कहते हैं कि वह (भिक्षुक) जैसे अपने कलेजे के दो टूक करता पछताता हुआ रास्ते पर आता-जाता है। उसका पेट-पीठ सिकुड़कर जैसे एक हो गये हैं, वह इतना कमजोर है कि लाठी टेककर चल रहा है। उसके साथ दो

बच्चे भी हैं, वे भी उसी हालत में हैं। वे बेहद भूखे हैं। आँसुओं के घूँट पीकर गुजारा कर रहे हैं। वे सड़क पर खड़े जूठी पत्तल चाट रहे हैं। और कुत्ते भी उन पर झपटने को तत्पर हैं।

कवि उनके प्रति करुणा से भरा हुआ है। कहता है कि मेरे हृदय में अमृत भरा है, मैं तुम्हें सींचकर अभिमन्यु जैसा बना दूँगा। तुम्हारे दुःखों को मैं धारण कर लूँगा।

वह तोड़ती पत्थर

वह तोड़ती पत्थर।
देखा उसे मैंने इलाहाबाद के पथ पर
वह तोड़ती पत्थर।
कोई न छायादार
पेड़ वह जिसके तले बैठी हुई स्वीकार,
श्याम तन, भर बँधा यौवन,
नत नयन, प्रिय-कर्म-रत मन,
गुरु हथौड़ा हाथ,
करती बार-बार प्रहार,
सामने तरु मालिका अट्टालिका, प्राकार।
चढ़ रही थी धूप
गर्मियों के दिन
दिवा का तमतमाता रूप
उठी झुलसाती हुई लू,
रूई ज्यों जलती हुई भू,
गर्द चिनगी छा गयी;
प्रायः हुई दुपहर;
वह तोड़ती पत्थर।
देखते देखा मुझे तो एक बार
उस भवन की ओर देखा, छिन्नतार;
देखकर कोई नहीं,
देखा मुझे उस दृष्टि से
जो मार खा रोई नहीं,

सजा सहज सितार,
सुनी मैंने वह नहीं जो थी सुनी झंकार
एक क्षण के बाद वह काँपी सुघर,
ढुलक माथे से गिरे सीकर,
लीन होते कर्म में फिर ज्यों कहा—
"मैं तोड़ती पत्थर!"

भिक्षुक

वह आता—
दो टूक कलेजे के करता, पछताता पथ पर आता।
पेट-पीठ दोनों मिलकर हैं एक
चल रहा लकुटिया टेक,
मुट्ठीभर दाने को, भूख मिटाने को
मुँहफटी पुरानी झोली को फैलाता।
दो टूक कलेजे के करता, पछताता पथ पर आता।
साथ दो बच्चे भी हैं सदा हाथ फैलाये,
बायें से वे मलते हुए पेट चलते,
और दाहिना दया-दृष्टि पाने की ओर बढ़ाये।
भूख से सूख ओंठ जब जाते,
दाता-भाग्यविधाता से क्या पाते?
घूँट आँसुओं के पीकर रह जाते।
चाट रहे जूठी पत्तल वे कभी सड़क पर खड़े हुए,
और झपट लेने को उनसे कुत्ते भी हैं अड़े हुए!
ठहरो, अहो मेरे हृदय में है अमृत,
मैं सींच दूँगा,
अभिमन्यु जैसे हो सकोगे तुम,
तुम्हारे दुःख मैं अपने हृदय में खींच लूँगा।

शब्दार्थ

वह तोड़ती पत्थर

प्राकार–चहारदीवार; **तरु**–पेड़; **गुरु**–गम्भीर; **दिवा**–दिन; **सीकर**–पसीना; **मार खा रोई नहीं**–आघात सहकर भी दयनीय नहीं बनी।

भिक्षुक

टूक–टुकड़ा; **लकुटिया**–लाठी; **आँसुओं के घूँट पीना**–दुःख को दबा लेना।

महादेवी वर्मा

महादेवी वर्मा की गणना छायावाद के महान् कवि-व्यक्तित्वों में प्रसाद, पन्त और निराला के ठीक बाद होती है। महादेवी जी का महत्त्व इसलिए भी है कि उन्होंने आधुनिक हिन्दी कविता में नारी की अन्तर्वेदना को समाजी-स्वर में अभिव्यक्ति दी और उदात्तता से जोड़ा। कविता के साथ-साथ महादेवी वर्मा का गद्य भी बीसवीं सदी के हिन्दी साहित्य में अपनी अलग पहचान रखता है। नारी की स्वतन्त्र इयत्ता और मानवेतर जीव-जन्तुओं के प्रति वत्सल भावों की स्मरणीय अभिव्यक्ति उनके गद्य में हुई है।

द्विवेदी युग के काव्य की इतिवृत्तात्मकता की प्रवृत्ति के विरुद्ध छायावाद-युग में विद्रोह का स्वर बुलन्द करने वालों में महादेवी वर्मा का महत्त्वपूर्ण स्थान है। उनके शब्दों में, "उस युग की कविता की इतिवृत्तात्मकता इतनी स्पष्ट हो चली कि मनुष्य की सारी कोमल और सूक्ष्म भावनाएँ विद्रोह कर उठीं। ...स्थूल सौन्दर्य की निर्जीव आवृत्तियों से थके हुए और कविता की परम्परागत नियम-शृंखला से ऊबे हुए व्यक्तियों को फिर उन्हीं रेखाओं में बँधे स्थूल का न तो यथार्थ चित्रण रुचिकर हुआ और न उसका रूढ़िगत आदर्श भाया। उन्हें नवीन रूप-रेखा में सूक्ष्म सौन्दर्यानुभूति की आवश्यकता थी, जो छायावाद में पूर्ण हुई।' विरह और वेदना के गीत लिखने वाली महादेवी भी अपने समकालीनों की भाँति देश-प्रेम से अछूती न रह सकीं और उन्होंने "अनुरागमयी शृंगारमयी भारतजननी भारतमाता" जैसा भावपूर्ण सरल गीत लिखने के साथ-साथ "चिर सजग, आँखें उनींदी आज कैसा व्यस्त बाना? जाग तुझको दूर जाना!" जैसा प्रेरणाप्रद उद्‌बोधन गीत भी लिखा। उनके रेखाचित्रों में जनसाधारण के प्रति उनकी आत्मीयता व्यक्त हुई है।

प्रमुख कृतियाँ : (कविता संग्रह) दीपशिखा, नीरजा, रश्मि, सान्ध्य गीत, यामा, (रेखाचित्र व संस्मरण) अतीत के चलचित्र, स्मृति की रेखाएँ, मेरा परिवार आदि। (स्त्री विमर्श) शृंखला की कड़ियाँ।

पाठ-सार : मुरझाया फूल

प्रस्तुत कविता में कवयित्री ने फूल के माध्यम से मानव जीवन की स्थिति को व्यक्त किया है। जब यह फूल कली के रूप में अर्थात शिशुपन में था जैसे हवा उसे अपनी गोद में खिलाती थी। और जब वह पूरी तरह खिल गया तो भँवरे भी मँडराने लगे अर्थात शिशु जब बड़ा हुआ तो उसके चाहने वाले भी खूब हो गये। उसके इर्द-गिर्द खूब धन-सम्पदा, रिश्ते-नाते जुट गये। किन्तु जब उस फूल (व्यक्ति) की आयु हो गयी वह मुरझा सूख कर बिखर गया तो न कोई भँवरा आता है न कोई अपना प्रेम बरसाता है। तुमने जिनके लिए अपना जीवन लुटा दिया उसी संसार ने तुझे भूमि पर सुला दिया। हे फूल (मनुष्य), दुखी मत हो। इस संसार ने किसको सुख दिया है? ईश्वर ने सभी को स्वार्थ से भरा बनाया है। इस संसार में फूल सबको पसन्द है। स्वयं को लुटाकर भी तू प्रसन्न है। हे फूल, तुम्हें और हम जैसे मनुष्य को कौन याद करने वाला है। कौन हमें याद करने वाला है।

पाठ-सार : कह दे माँ क्या अब देखूँ!

कवयित्री प्रकृति के साथ एकाकार है। वह प्रकृति को अपनी माँ मानकर पूछती है कि मैं क्या देखूँ? तेरा अपार सौन्दर्य देखूँ अथवा नष्ट होती हुई प्रकृति को देखूँ? हीरे-से नील कमलों को देखूँ या झरते हुए आँसुओं के कण देखूँ? तेरे हर सुन्दर रूप के साथ एक दुख जुड़ा है। निर्माण और नाश साथ हैं। कहीं अपार सुख वैभव है कहीं मरण है, क्षरण है। सौरभ संग ठण्डी साँसें, दुख की घूँटें, नव किसलय संग पत्थरों से मसले फूल देखूँ, जगमग दिवाली है तो बुझता दीपक। पंछियों का कलरव है तो बिना स्वर की वीणा भी है। चाँदी-सी किरणें हैं तो चिन्ता के भाव भी हैं। हे माँ, तुझ में एक निर्मल हँसी है तो जीवन का क्रन्दन भी है। हर सुख की पीठ पर दुख लगा हुआ है।

मुरझाया फूल

था कली के रूप शैशव में अहो, सूखे सुमन,
हास्य करता था, खिलाती अंक में तुमको पवन।
खिल गया जब पूर्ण तू, मंजुल सुकोमल पुष्पवर,
लुब्ध-मधु के हेतु मँडराने, लगे आके भ्रमर।

स्निग्ध किरणें चन्द्र की तुमको हँसाती थीं सदा
रात तुझ पर वारती थी मोतियों की सम्पदा।
लोरियाँ गाकर मधुप निद्रा-विवश करते तुझे,
यत्न माली का रहे, आनन्द से भरते तुझे।

कर रहा अठखेलियाँ इतरा सदा उद्यान में
अन्त का यह दृश्य आया था कभी क्या ध्यान में?
सो रहा तू अब धरा पर शुष्क बिखराया हुआ,
गन्ध कोमलता नहीं, मुख मंजु मुरझाया हुआ।

आज तुझको देखकर, चाहक भ्रमर आता नहीं।
लाल, अपना राग तुझ पर प्रातः बरसाता नहीं।
जिस पवन ने अंक में ले प्यार था तुझको किया,
तीव्र झोंके से सुला उसने तुझे भू पर लिया।

कर दिया मधु और सौरभ दान सारा एक दिन,
किन्तु रोता कौन है, तेरे लिए दानी सुमन!
मत व्यथित हो फूल, किसको सुख दिया संसार ने
स्वार्थमय सबको बनाया है यहाँ करतार ने।

विश्व में हे फूल, तू सबके हृदय भाता रहा,
दान कर सर्वस्व भी तू हाय हर्षाता रहा!
जब न तेरी ही दशा पर दुःख हुआ संसार को?
कौन रोएगा सुमन, हम-से मनुज निस्सार को

कह दे माँ क्या अब देखूँ!

कह दे माँ क्या अब देखूँ!
देखूँ खिलती कलियाँ या
प्यासे सूखे अधरों को,
तेरी चिर यौवन-सुषमा
या जर्जर जीवन देखूँ!

देखूँ हिम-हीरक हँसते
हिलते नीले कमलों पर,
या मुरझाई पलकों से
झरते आँसू-कण देखूँ!

सौरभ पी पी कर बहता
देखूँ यह मंद समीरण,
दुख की घूँटें पीती या
ठण्डी साँसों को देखूँ!

बहलाऊँ नव किसलय के–
झूले में अलि-शिशु तेरे,
पाषाणों में मसले या
फूलों से शैशव देखूँ!

तेरे असीम आँगन की
देखूँ जगमग दीवाली,
या इस निर्जन कोने के
बुझते दीपक को देखूँ!

देखूँ विहगों का कलरव
घुलता जल की कलकल में,

निस्पंद पड़ी वीणा से
या बिखरे मानस देखूँ!

मृदु रजत-रश्मियाँ देखूँ
उलझी निद्रा-पंखों में,
या निर्निमष पलकों में
चिंता का अभिनय देखूँ!

तुझ में अम्लान हँसी है
इसमें अजस्त्र आँसू-जल,
तेरा वैभव देखूँ या
जीवन का क्रन्दन देखूँ!

शब्दार्थ

मुरझाया फूल

अंक—गोद; **लुब्ध**—मोह में पड़े; **मँडराना**—चक्कर काटना; **वारती**—अर्पण करती; **लोरियाँ**—बच्चों को सुलाने के गीत; **अठखेलियाँ**—क्रीड़ाएँ; **इतराना**—गर्व करना; **करतार**—ईश्वर।

कह दे माँ क्या अब देखूँ!

जर्जर—जीर्ण; **अम्लान**—बिना दुःख के।

सच्चिदानन्द हीरानन्द वात्स्यायन 'अज्ञेय'

सच्चिदानन्द हीरानन्द वात्स्यायन 'अज्ञेय' का ज़न्म उत्तर प्रदेश के देवरिया जिले के कसिया गाँव के पुरातत्त्व विभाग के एक खुदाई शिविर में हुआ था। उन्होंने बी.एस-सी. के बाद एम.ए. किया। अपने विद्यार्थी-जीवन में ही ये क्रान्तिकारियों के सम्पर्क में आये और 'हिन्दुस्तान रिपब्लिकन पार्टी' के सदस्य बन गये। अंग्रेज़ सरकार विरोधी गतिविधियों के लिए इन्हें कई साल जेल में भी रहना पड़ा। सन् 1943 में वे एक कैप्टन के रूप में कोहिमा फ्रण्ट पर तैनात किये गये थे। स्वतन्त्रता के बाद कुछ समय तक इन्होंने भारत सरकार के रेडियो के समाचार विभाग में काम किया। तत्पश्चात् इन्होंने कैलिफोर्निया विश्वविद्यालय में भारतीय संस्कृति का अध्यापन कार्य किया। इन्होंने 'विशाल भारत', 'दिनमान', 'नया प्रतीक', 'थाट' तथा 'नवभारत टाइम्स' का सम्पादन कार्य भी कुछ वर्षों तक किया। 'आँगन के पार द्वार' पर इन्हें साहित्य अकादमी का तथा 'कितनी नावों में कितनी बार' पर इन्हें भारतीय ज्ञानपीठ का पुरस्कार मिला है। ये समर्थ कवि, कुशल उपन्यासकार, कहानी-लेखक तथा निबन्धकार हैं।

हिन्दी की छायावादोत्तर कविता के प्रमुख हस्ताक्षरों में से एक अज्ञेय प्रयोगवाद तथा नयी कविता के प्रवर्तक हैं। इन्होंने क्रमशः 'तार सप्तक', 'दूसरा सप्तक', 'तीसरा सप्तक' तथा 'चौथा सप्तक' का सम्पादन किया।

अज्ञेय अभिजातवर्गीय साहित्यकार हैं। उनकी कविता में अकेलेपन का वैभव तथा रोमाण्टिक व्यक्तिवादी विद्रोह मिलता है। मूल रूप से ये प्रेम और प्रकृति के कवि हैं। क्षणवाद, भोगवाद तथा युगजीवन की घटनाओं की प्रतिध्वनियाँ नये प्रतीकों और नये बिम्बों में ढलकर इनके काव्य को समृद्ध करती हैं।

अज्ञेय ने अपने प्रसिद्ध उपन्यास 'शेखर एक जीवनी' में मनोविश्लेषण की सर्वथा नवीन शैली अपनाते हुए मानव मस्तिष्क पर प्रत्येक क्षण पड़ने वाले असंख्य

संस्कारों और उनसे उत्पन्न होने वाले विचार-तरंगों को निरूपित किया है। बाह्य दृष्टि से अत्यन्त सामान्य दिखने वाली बातें भी जल में फेंकी कंकड़ी के समान मन में विचार लहरियाँ उठा देती हैं जिनका व्यक्तित्व पर गहरा प्रभाव पड़ता है, इस मनोवैज्ञानिक तथ्य को शेखर की जीवनी से भली प्रकार समझा जा सकता है।

मुख्य रचनाएँ :

कविता : इत्यलम, बावरा अहेरी, हरी घास पर क्षणभर, आँगन के पार द्वार।

उपन्यास : शेखर : एक जीवनी, नदी के द्वीप।

निबन्ध : आत्मनेपद।

यात्रा-वर्णन : सहसा एक बूँद उछली।

पाठ-सार : उड़ चल हारिल

कवि अज्ञेय व्यक्ति सत्य के माध्यम से जगत सत्य की बात करते हैं। हारिल पक्षी जो एक लकड़ी के टुकड़े को पकड़े रहता है उसकी तुलना मनुष्य से की गयी है। मनुष्य भी सांसारिक भाव बोध को पकड़े रहता है। यह ओछा तिनका ही। सृजन की चाह बलवती किये हुए है। यही तेरी शक्ति है। इस सृजन शक्ति के बल पर इतना ऊपर तक चढ़ता चला जा कि नभ में हलचल मच जाये। यही एक रचना का साधन है। सारे नभ ने तुझे घेर लिया है, सारा जगत तुझे देख रहा है।

तूने जीवन का सत्य पहचान लिया है कि जीवन केवल मिट्टी है। यह रहस्य जानकर तू इस तिनके का सहारा लेकर बढ़ता जाता है। परन्तु जीवन को त्याग भी नहीं देना है। कर्मपथ पर भी बढ़ना है। तिनका तो साधन मात्र है। परन्तु इन कर्म क्षणों में तुमने अमरता का स्पर्श कर लिया है। हे हारिल, यह पावन तिनका हाथ में तिये चल।

पाठ-सार : नाच

प्रस्तुत कविता में कवि अज्ञेय जीवन-मरण के बीच कम्र की महत्ता तथा जगत की दृष्टि पर विचार कर रहे है। यह पूरी कविता प्रतीकों की सुन्दर व्यवस्था प्रस्तुत करती है। एक तनी हुई रस्सी है (जीवन) जिस पर मैं नाचता (कर्मकला) हूँ। दो खम्भों (जीवन-मरण) से बँधी रस्सी (जिजीविषा) पर मैं (व्यक्ति) नाचता है। सब लोग नाच देखते हैं।

लोग खम्भों, रोशनी, रस्सी, न रस्सी का तनाव देखते हैं केवल नाच देखते हैं। और असल में कवि (व्यक्ति) नाच नहीं रहा, दौड़ रहा है दोनों सिरों के बीच। वास्तव में ये दो सिरे जीवन के सम-विषम भाव हैं जिनसे व्यक्ति बार-बार जूझता रहता है। जीने की द्वन्द्व भरी प्रक्रिया में व्यक्ति जो भी सृजनात्मक करता है, कला साहित्य, संस्कृति के क्षेत्र में समाज उसी को देखता है।

पाठ-सार : साँप

प्रस्तुत कविता में बहुत ही कम शब्दों में अज्ञेय ने शहरी, नगरीय जीवन के महासत्य को उजागर किया है।

कवि 'साँप' से प्रश्न कर रहे हैं जो असल में शहरी तथा कथित सभ्य समाज पर बहुत तीखा व्यंग्य है। कवि अज्ञेय 'साँप' को सम्बोधित करते हुए पूछते हैं कि–साँप! तुम सभ्य शहरी तो नहीं लगते! तुमने नगर में रहना भी नहीं जाना। फिर एक बात पूछना चाहता हूँ कि जब नगर में बसना तुम्हें आया ही नहीं तब नगरवासियों की तरह डँसना कहाँ से सीखा। और शहरी लोगों की तरह इतना ज़हर कहाँ से पाया तुमने?

वास्तव में यह कविता शहरी नगरीय जीवन पर तीखा कटाक्ष करती है। एक गहरा व्यंग्य यहाँ उभरा है जो शहरी जीवन की बिडम्बनाओं को सामने लाता है।

उड़ चल हारिल

उड़ चल, हारिल, लिए हाथ में
यही अकेला ओछा तिनका—
ऊषा जाग उठी प्राची में
कैसी बाट भरोसा किनका!

शक्ति रहे तेरे हाथों में—
छूट न जाये यह चाह सृजन की;
शक्ति रहे तेरे हाथों में—
रुक न जाए यह गति जीवन की

ऊपर-ऊपर-ऊपर-ऊपर—
बढ़ा चीरता चल दिगमण्डल :
अनथक पंखों की चोटों से
नभ में एक मचा दे हलचल :

तिनका? तेरे हाथों में है
अमर एक रचना का साधन—
तिनका? तेरे पंजे में है
विधना के प्राणों का स्पन्दन!

काँप न, यद्यपि दसों दिशा में
तुझे शून्य नभ घेर रहा है,
रुक न, यद्यपि उपहास जगत् का
तुझको पथ से हेर रहा है;

तू मिट्टी का किन्तु आज
मिट्टी को तूने बाँध लिया है,
तू था सृष्टि, किन्तु स्रष्टा का
गुर तूने पहचान लिया है!

मिट्टी निश्चय है यथार्थ, पर
क्या जीवन केवल मिट्टी है?
तू मिट्टी, पर मिट्टी से उठने
की इच्छा किसने दी है!

आज उसी ऊर्ध्वग ज्वाला का
तू है दुर्निवार हरकारा
दृढ़ ध्वज-दंड बना यह तिनका
सूने पथ का एक सहारा।

मिट्टी से जो छीन लिया है
वे तज देना धर्म नहीं है
जीवन-साधन की अवहेला
कर्मवीर का कर्म नहीं है।

तिनका पथ की धूल, स्वयं तू
है अनन्त की पावन धूली
किन्तु आज तूने नभ-पथ में
क्षण में बद्ध अमरता छू ली!

ऊषा जाग उठी प्राची में—
आवाहन यह नूतन दिन का :
उड़ चल, हारिल, लिए हाथ में
एक अकेला पावन तिनका!

नाच

एक तनी हुई रस्सी है जिस पर मैं नाचता हूँ।
जिस तनी हुई रस्सी पर मैं नाचता हूँ
वह दो खम्भों के बीच है।
रस्सी पर मैं जो नाचता हूँ
वह एक खम्भे से दूसरे खम्भे तक का नाच है।
दो खम्भों के बीच जिस तनी हुई रस्सी पर मैं नाचता हूँ
उस पर तीखी रोशनी पड़ती है
जिसमें लोग मेरा नाच देखते हैं।
न मुझे देखते हैं जो नाचता है
न रस्सी को जिस पर मैं नाचता हूँ
न खम्भों को जिस पर रस्सी तन है
न रोशनी को ही जिसमें नाच दीखता है
लोग सिर्फ़ नाच देखते हैं।
पर मैं जो नाचता हूँ
जो जिस रस्सी पर नाचता हूँ
जो जिन खम्भों के बीच है
जिस पर जो रोशनी पड़ती है
उस रोशनी में उन खम्भों के बीच उस रस्सी पर
असल में मैं नाचता नहीं हूँ।
मैं केवल उस खम्भे से इस खम्भे तक दौड़ता हूँ
कि इस या उस खम्भे से रस्सी खोल दूँ
कि तनाव चुके और ढील में मुझे छुट्टी हो जाये—
पर तनाव ढीलता नहीं

और मैं इस खम्भे से उस खम्भे तक दौड़ता हूँ
पर तनाव वैसा बना ही रहता है
सब कुछ वैसा ही बना रहता है।
और वही मेरा नाच है जिसे सब देखते हैं
मुझे नहीं
रस्सी नहीं
खम्भे नहीं
रोशनी नहीं
तनाव नहीं
देखते हैं—नाच!

साँप

साँप!
तुम सभ्य तो हुए नहीं
नगर में बसना
भी तुम्हें नहीं आया।
एक बात पूछूँ... (उत्तर दोगे?)
तब कैसे सीखा डँसना...
विष कहाँ पाया?

शब्दार्थ

उड़ चल हारिल

हारिल—एक पक्षी जो अपने पंजों में एक पतली लकड़ी लिए रहता है; **प्राची**—पूरब; **बाट**—प्रतीक्षा; इन्तज़ार; **दिगमण्डल**—दिशाओं का समूह, क्षितिज; **नभ**—आकाश; **पथ**—रास्ता; **हेर रहा है**—खोज रहा है; **गुर**—गुण; **हरकारा**—संदेशवाहक; **तज देना**—त्याग देना; **नूतन**—नया; **पावन**—पवित्र; **ऊर्ध्वग**—ऊँचा।

उदय प्रकाश

जन्म : 1952, मध्य प्रदेश के शहडोल (अब अनूपपुर) ज़िले के गाँव सीतापुर में।

शिक्षा : सागर विं.वि. सागर और जवाहरलाल नेहरू विश्वविद्यालय, नयी दिल्ली में।

कार्य : जवाहरलाल नेहरू विश्वविद्यालय और इसके मणिपुर केन्द्र में लगभग चार वर्ष तक अध्यापन। संस्कृति विभाग, मध्य प्रदेश, भोपाल में लगभग दो वर्ष विशेष कर्तव्यस्थ अधिकारी। इसी दौरान 'पूर्वग्रह' का सहायक सम्पादन। नौ वर्षों तक टाइम्स ऑफ़ इंडिया के समाचार पाक्षिक 'दिनमान' के सम्पादकीय विभाग में नौकरी। बीच में एक वर्ष टाइम्स रिसर्च फ़ाउंडेशन के स्कूल ऑफ़ सोशल जर्नलिज्म में अध्यापन। लगभग दो वर्ष पी.टी.आई. (टेलीविज़न) और एक वर्ष इंडिपेंडेंट टेलीविज़न में विचार और पटकथा प्रमुख। कुछ समय 'संडे मेल' में वरिष्ठ सहायक सम्पादक रहे। इन दिनों स्वतन्त्र लेखन तथा फ़िल्म और मीडिया के लिए लेखन।

कृतियाँ : 'सुनो कारीगर', 'अबूतर-कबूतर', 'रात में हारमोनियम, 'एक भाषा हुआ करती है', 'नयी सदी के लिए चयन : पचास कविताएँ' (कविता संग्रह); 'दरियाई घोड़ा', 'तिरिछ', 'और अन्त में प्रार्थना', 'पॉल गोमरा का स्कूटर', 'पीली छतरी वाली लड़की', 'दत्तात्रेय के दुख', 'मोहन दास', 'अरेबा परेबा', 'मैंगोसिल' (कहानी संग्रह); 'ईश्वर की आँख', 'अपनी उनकी बात' और 'नयी सदी का पंचतन्त्र' (निबन्ध, आलोचना)।

अन्य भाषाओं में पुस्तकें : 'Short Shorts Long Shorts', 'Rage Revelry and Romance', 'A Girl with Golden Parasol' (Awarded PEN grant, USA, 2005) (English), 'Goldene Gruentel' (German).

'पीली छतरी वाली लड़की' (उर्दू), 'तिरिछ अणि इतर कथा', 'अरेबा परेबा' (मराठी), 'मोहन दास' कन्नड़ में प्रकाशित, पंजाबी, उड़िया, अंग्रेज़ी में शीघ्र पुस्तकाकार प्रकाश्य।

अनुवाद : 'लाल घास पर नीले घोड़े' (मिखाइल शात्रेव के नाटक का अनुवाद और रूपान्तर), 'कला अनुभव' (प्रो. हरियन्ना की सौन्दर्यशास्त्रीय पुस्तक का अनुवाद), 'इन्दिरा गाँधी की आखिरी लड़ाई' (बी.बी.सी. संवाददाता मार्क टली-सतीश जैकब की किताब का हिन्दी अनुवाद), 'रोम्यां रोलां का भारत' (आंशिक अनुवाद और सम्पादन)।

पुरस्कार : भारत भूषण अग्रवाल पुरस्कार, ओमूप्रकाश साहित्य सम्मान, श्रीकान्त वर्मा स्मृति पुरस्कार, मुक्तिबोध पुरस्कार, साहित्यकार सम्मान, हिन्दी अकादेमी, दिल्ली, रामकृष्ण जयदयाल सद्भावना सम्मान, पहल सम्मान, कथाक्रम सम्मान, पुश्किन सम्मान, द्विजदेव सम्मान, साहित्य अकादेमी पुरस्कार।

पाठ-सार : उजाला

प्रस्तुत कविता 'उजाला' में कवि बचाने के अभियान में फिर शामिल होते हैं। इस कविता में एक नायाब सुझाव उनका हमारे सामने आता है। हालाँकि प्रतीकात्मक आशय ही हम इसका ग्रहण करेंगे लेकिन जो बिम्ब यहाँ लाया गया है, वह इतना मौलिक और उद्भावना-सम्पन्न है कि उस पर विचार किया जाना ज़रूरी लगता है। उदय प्रकाश यहाँ स्वयं के साथ व्यक्ति की होने वाली सन्तति की चिन्ता और सुरक्षा की बात करते हैं और कहते हैं कि अपना सत्व उसे सौंप दो। आने वाला भविष्य वही है।

उजाला

बचा लो अपनी नौकरी
अपनी रोटी अपनी छत

ये कपड़े हैं
तेज अंधड़ में
बन न जायें कबूतर
दबोच लो इन्हें

इस कप को थामो
सारी नसों की ताकत भर
कि हिलने लगे चाय
तुम्हारे भीतर की असुरक्षित आत्मा की तरह

बचा सको तो बचा लो
बच्चे का दूध और रोटी के लिए आटा
और अपना ज़ेब खर्च
कुछ किताबें

हज़ारों अपमानों के सामने
दिन भर की तुम्हारी चुप्पी
जब रात में चीखे
तो आजो वापस स्त्री की कोख में
फिर बच्चा बन कर

दुबारा जन्म लेने का
संकल्प लेते हुए

भीतर से टूट कर चूर-चूर
सहलाओ बेटे का गर्म माथा

उसकी आँच में
आने वाले कोंपलों की गन्ध है

उसकी नींद में
आने वाले दिनों का
उजाला है।

शब्दार्थ

उजाला

अंधड़–तेज़ आँधी; **अपमान**–अनादर, तिरस्कार; **चुप्पी**–मौन; **कोख**–गर्भ धारण करने का स्थान; **आँच**–आग; **उजाला**–प्रभात।

सर्वेश्वरदयाल सक्सेना

सर्वेश्वरदयाल सक्सेना हिन्दी साहित्य में बहुमुखी प्रतिभा सम्पन्न साहित्यकार रहे हैं। अज्ञेय द्वारा सम्पादित तीसरे तारसप्तक के कवि व गद्य लेखक के रूप में इन्होंने अपनी पहचान बनायी। सर्वेश्वरदयाल सक्सेना का जन्म 15 सितम्बर 1927 को बस्ती (उ.प्र.) में हुआ। इन्होंने एम.ए. तक शिक्षा प्राप्त की, इसके पश्चात् ये साहित्य-सृजन के क्षेत्र में संलग्न हो गये। इन्होंने अनेक पत्र-पत्रिकाओं को भी सम्पादित किया। बालोपयोगी मासिक पत्रिका 'पराग' उसमें अत्यन्त महत्त्वपूर्ण है। 24 सितम्बर 1983 को इनका देहावसान हो गया।

सर्वेश्वर ने साहित्य की सभी प्रमुख विधाओं कविता, कहानी, उपन्यास, नाटक, लेख एवं निबन्ध के साथ बाल साहित्य पर अपनी लेखनी चलायी है।

रचनाएँ : सर्वेश्वरदयाल सक्सेना की प्रमुख काव्यकृतियों के अन्तर्गत काठ की घण्टियाँ, बाँस का पुल, एक सूनी नाव, गर्म हवाएँ, कुआनो नदी, जंगल का दर्द तथा खूँटियों पर टँगे लोग, कोई मेरे साथ चले आदि हैं।

कहानी संग्रह : कच्ची सड़क, अँधेरे पर अँधेरा, लड़ाई।

उपन्यास : सूने चौखटे, सोया हुआ जल, पागल कुत्तों का मसीहा।

नाटक : बकरी, अब गरीबी हटाओ, कल फिर भात आयेगा, राजा बाज बहादुर और रानी रूपमती।

बाल रचनाएँ : लाख की नाक, भौं भौं, खों खों, बतूता का जूता आदि उल्लेखनीय कृतियाँ हैं।

पुरस्कार : 'खूँटियों पर टँगे लोग' काव्य संग्रह पर इनको साहित्य अकादमी पुरस्कार द्वारा सम्मानित किया गया।

पाठ-सार : मछली

कवि अपनी संवेदना की मछली ले जाता है। वह मछली के प्रति बेहद करुणाशील है। हर बार जब प्लेट में मछली परोसी जाती है, वह दो बड़ी निरीह आँखों को तड़पते देखता है।

इस मछली ने जिन्दा रहने के लिए अपार संघर्ष किये होंगे, बड़ी यातना झेली होगी। यह संघर्ष और जिजीविषा बन्दूक की गोली की तरह कवि की पसलियों में घुस जाती है।

कवि स्वयं को मछली की पीड़ा और दर्द से एकाकार करते हुए खुद को तैरता, काँटे से छिदा, रेत पर तड़पता और प्लेट में सजा पाता है।

और जैसे दो भयानक आँखें (खाने वाले की) कवि को ही जैसे खा जाने वाले भाव से घूरती हैं। हर बार जब भी प्लेट में मछली परोसी जाती हैं, वह स्वयं को परोसा जाता महसूस करता है।

पाठ-सार : फसल

कवि इस कविता में क्रान्ति की फसल की बात कर रहा है। यूँ तो कवि पत्रकार है, आन्दोलनधर्मी है परन्तु मानता है कि यदि हल, खुरपी या कुदाल की तरह कलम को पकड़ भी लूँ तो यह फसल हमें तो नहीं मिलेगी परन्तु आने वाली पीढ़ियों के लिए फसल होगी।

कवि कहता है कि हम तो ज़मीन ही तैयार करेंगे, इस पर क्रान्ति बीज तो कोई विरला ही बोने के लिए आयेगा। आने वाली पीढ़ी ही मेरे परिश्रम को फलीभूत करेगी। आगे यह परम्परा बन जायेगी संघर्षशील आम जन की।

यदि कल को मैं न रहा तो भी यह फसल हवा में लहलहायेगी। तब मेरी आत्मा में फसल के रंग की सुनहरी धूप बरसेगी।

हम जो बोयेंगे उसे आने वाली पीढ़ियाँ काटेंगी। हम तो खाद बनकर कहीं मिट्टी में मिले सोये होंगे।

मछली

हर बार
प्लेट में मछली परसी जाते ही
खिंच जाती हैं
दो बड़ी-बड़ी निरीह आँखें।

ज़िन्दा रहने के सपने, संघर्ष
और भूख के कारण मिली मौत की यातना
बन्दूक के छर्रे की तरह
मेरी पसलियों में भिद जाती है।

एक नदी में मैं तैरने लगता हूँ
एक कँटिये में बिंध जाता हूँ
एक रेत पर तड़फड़ाता हूँ
और एक प्लेट में सज जाता हूँ

फिर दो और बड़ी आँखें
निष्ठुर, लोलुप और भयानक
खुद पर झुकी देखने लगता हूँ
मुझे निगलने को तत्पर।
हर बार
प्लेट में मछली परसी जाते ही।

('खूँटियों पर टँगे लोग' से)

फ़सल

हल की तरह
कुदाल की तरह
या खुरपी की तरह
पकड़ भी लूँ कलम को
तो भी फ़सल काटने को
मिलेगी नहीं हमको।

हम तो ज़मीन ही तैयार कर पाएँगे
क्रान्तिबीज बोने कुछ बिरले ही आएँगे।
हरा-भरा वही करेंगे मेरे श्रम को
सिलसिला मिलेगा आगे मेरे क्रम को।

कल जब फ़सल उगेगी लहलहाएगी
मेरे न रहने पर भी हवा से इठलाएगी
जब मेरी आत्मा सुनहरी धूप बन बरसेगी
जिन्होंने बीज बोया था उन्हीं के चरन परसेगी।

काटेंगे उसे जो, फिर वही उसे बोएँगे
हम तो कहीं धरती के नीचे दबे सोएँगे।

शब्दार्थ

मछली

बन्दूक की छर्रे—बन्दूक की गोलियाँ; **निरीह**—निष्कलंक।

फ़सल

हल—वह औजार जिससे ज़मीन जोती जाती है; **कुदाल**—मिट्टी खोदने का औज़ार; **खुरपी**—घास काटने का औज़ार।

सुदामा पाण्डेय 'धूमिल'

श्री धूमिल का पूरा नाम सुदामा पाण्डेय 'धूमिल' है। इनका जन्म 9 नवम्बर 1936 ई. को वाराणसी जिले के खेवली नामक ग्राम में हुआ। 1953 ई. में आप ने हाईस्कूल परीक्षा उत्तीर्ण की तथा 1958 ई. में विद्युत प्रमाण-पत्र प्राप्त किया। 12 जुलाई 1958 ई. में आप औद्योगिक प्रशिक्षण संस्थान वाराणसी में नियुक्त हुए।

हाईस्कूल पास करने के उपरान्त धूमिल जीविका की तलाश में कलकत्ता गये। कलकत्ता में परिचितों का सहयोग न प्राप्त कर वह लोहा ढोने वाले मजदूरों के साथ लोहा ढोने का काम करने लगे। गौहाटी तबादला किये जाने के कारण धूमिल ने यह नौकरी छोड़ दी और 1957 ई. में आई.टी.आई. वाराणसी में एडमिशन लिया। 1974 ई. में धूमिल को ब्रेन ट्यूमर हो गया और 10 फरवरी 1975 को के.जी. मेडिकल कॉलेज लखनऊ में उनकी मृत्यु हो गयी।

'संसद से सड़क तक', 'कल सुनना मुझे', 'सुदामा पाण्डेय का प्रजातन्त्र' आपके काव्य संग्रह हैं। आप 1975 में मध्य प्रदेश शासन साहित्य परिषद का मुक्तिबोध पुरस्कार तथा 1979 में मरणोपरान्त 'कल सुनना मुझे' पर साहित्य अकादमी पुरस्कार से सम्मानित किये जा चुके हैं।

धूमिल की कविता बुनियादी तौर पर केवल व्यवस्था से नहीं जूझती, व्यवस्था की अमानवीय परिस्थितियों से मुठभेड़ करती है। उसकी आक्रामकता में जहाँ एक ओर लाचारी है, वहीं दूसरी ओर भविष्य के दिगन्त तक गूँज उपजाने वाली टंकार भी है। सामाजिक क्रूरता के घेराव में, वह नये मानव-मूल्यों के लिए लड़ने-भिड़ने वाली कविता है। एक जिम्मेदार रचनाकार की तरह धूमिल समाज की पशु-प्रवृत्तियों पर सांघातिक चोट करते हैं और कविता की भाषा में, अपनी सहज आत्मीयता से इन छद्मवेशी पशु-आचरणों के पीछे-छिपे सामाजिक तथ्यों का उद्घाटन करते हैं किन्तु अपनी सामाजिक विवशताओं और संस्कारगत-मनोगतवादी अवधारणाओं के कारण, वह अन्तर्विरोधों के वर्गीय अन्तर्वस्तु को अमूर्त छोड़ देते हैं। अपनी मार्क्सवादी समझ के बावजूद, यूटोपियन-मूल्यों के प्रति इतनी

गहरी आस्था रखने वाला व्यक्ति धूमिल, अपने आप में समाज द्वारा कितना उत्पीड़ित रहा, यह अपने सन्दर्भों, में एक दर्दनाक कहानी है।

पाठ-सार : बीस साल बाद

धूमिल मोहभंग को आवेश में कविता बनाकर कहते हैं। आज़ादी के बाद जब भारतीय जनता के सपने पूरे नहीं हुए तो आज़ादी से मोहभंग हो गया। धूमिल मोहभंग के प्रतिनिधि कवि बनकर उभरते हैं। इस कविता में आज़ादी के 'बीस साल बाद' की मनःस्थिति को स्वर दिया गया है।

बीस साल बाद जैसे कवि की आँखें खुल गयी हैं। अब जानवर तथा इनसान के बीच का अन्तर कुछ नहीं है। लोग जानवरों की तरह सहनशील हो गये हैं। देशभर का मौसम बदला हुआ है। लोकतन्त्र जैसे ताले में बन्द हैं। दीवारों पर जैसे गोलियों के अवशेष बाकी हैं।

आन्दोलन पर लाठीचार्ज हुआ है और जगह-जगह जूते पड़े हुए हैं। एक दुर्घटना सी हो गयी है। हिन्दुस्तान के नक्शे पर गाय ने गोबर कर दिया है अर्थात एक पार्टी विशेष ने देश को अपने विचारों, मान्यताओं तले दबा दिया है। लोग घबराये हैं। तमाम निराशा भरे वातावरण में एक बहुत बड़ा सवाल है कि 'क्या आज़ादी सिर्फ तीन थके हुए रंगों का नाम है। जिन्हें एक पहिया ढोता है। कवि को कहीं जवाब नहीं मिल पाता। वह आगे बढ़ जाता है।

पाठ-सार : मतदाता

प्रस्तुत कवियों में कवि धूमिल लोकतन्त्र में 'मतदाता' की स्थिति को व्यक्त कर रहे हैं। अपनी जैविक आवश्यकताओं के साथ-साथ मतदाता सोचता भी है। मतदाता एक ऐसे लोकतन्त्र में रहता है जहाँ सबको पूरा अवसर है। यदि प्रत्येक को अपने श्रम का मूल्य मिले तभी एक जनगणता सार्थक होती है। कवि का विचार है कि जनतन्त्र की प्राथमिक ज़मीन अपना घर ही है। आप घर में स्त्रियों, बच्चों तथा अशक्तों के प्रति क्या रवैया, व्यवहार रखते हैं इससे आपकी सोच दिखायी पड़ती है।

यदि घर में एक विवेक विकसित कर पाये तो मत मेटी में बेशक वह किसी को वोट डाल दे परन्तु उसे सुधारने का संकल्प उसके भीतर मौजूद है। वह अपनी ज़रूरतों का खयाल रखते हुए भी संघर्ष की चेतना को बुझने नहीं देता है।

बीस साल बाद

बीस साल बाद
मेरे चेहरे में
वे आँखें वापस लौट आई हैं
जिनसे मैंने पहली बार जंगल देखा है
हरे रंग का एक ठोस सैलाब जिसमें सभी पेड़ डूब गये हैं।

और जहाँ हर चेतावनी
खतरे को टालने के बाद
एक हरी आँख बनकर रह गयी है।

बीस साल बाद
मैं अपने-आपसे एक सवाल करता हूँ
जानवर बनने के लिए कितने सब्र की ज़रूरत होती है?
और बिना किसी उत्तर के चुपचाप
आगे बढ़ जाता हूँ
क्योंकि आजकल मौसम का मिज़ाज यूँ है
कि खून में उड़नेवाली पत्तियों का पीछा करना
लगभग बेमानी है।

दोपहर हो चुकी है
हर तरफ़ ताले लटक रहे हैं
दीवारों से चिपके गोली के छर्रों
और सड़कों पर बिखरे जूतों की भाषा में

एक दुर्घटना लिखी गयी है
हवा से फड़फड़ाते हुए हिन्दुस्तान के नक्शे पर
गाय ने गोबर कर दिया है।

मगर यह वक्त घबराये हुए लोगों की शर्म
आँकने का नहीं
और न यह पूछने का–
कि सन्त और सिपाही में
देश का सबसे बड़ा दुर्भाग्य कौन है?

आह! वापस लौटकर
छूटे हुए जूतों में पैर डालने का वक्त यह नहीं है
बीस साल बाद और इस शरीर में
सुनसान गलियों से चोरों की तरह गुज़रते हुए
अपने-आप से सवाल करता हूँ–
क्या आज़ादी सिर्फ़ तीन थके हुए रंगों का नाम है
जिन्हें एक पहिया ढोता है
या इसका कोई खास मतलब होता है?
और बिना किसी उत्तर के आगे बढ़ जाता हूँ
चुपचाप।

मतदाता

पेट अपनी जगह रहेगा
सिर्फ़ पैर चलेंगे–
रोटी की ओर तीन कदम
दो कदम बिस्तर की ओर
हाँ, रास्ते में
एक जगह ऐसी भी आएगी
जब वे हड़ियाल चेहरा ठिठक कर सोचेगा
पहले कौन–
दायाँ या बायाँ?
फिर एक निर्णय लेना

जंगल में जाने के लिए
किसी सिगनल की ज़रूरत नहीं है
कम-से-कम वह इतना आज़ाद तो है ही
कि अपनी सोच के ख़िलाफ़
पीठ पर बँधे हुए अपने हाथ को
अपने चेहरे के ठीक सामने खोले
और कहे 'ये मेरे हाथ हैं'
यहीं से नई जनगणना सार्थक होती है।
और एक बालिग मुहावरा
ढर्रे की सार्वजनिकता के रू-ब-रू होता है

“कहने का मतलब यह है कि भाइयो!
जनतन्त्र जनता से नहीं
घर की जंग से शुरू होता है”
और फिर पहली बार यह जानकर
वह खुश होगा कि मतपेटी में
मत-पत्र के साथ वह अपनी समझ नहीं डाल आया
है आज भी–
अगली लड़ाई के लिए उसके दाँत और नाखून
एक रोटी पर सुरक्षित हैं।

शब्दार्थ

बीस साल बाद

सैलाब–बाढ़; **सब्र**–धैर्य; **बेमानी**–व्यर्थ (यहाँ); **आज़ादी सिर्फ़ तीन थके हुए रंगों का नाम है**–भारतीय झण्डे के तीन रंगों का हवाला देते हुए मोहभंग और उदासीनता के वातावरण की तरफ़ इशारा।

मतदाता

हड़ियाल–दुबला-पतला; **रू-ब-रू**–सामने; **ढर्रा**–तरीका, युक्ति।

अरुण कमल

15 फरवरी, 1954, नासरीगंज (रोहतास), बिहार में जन्म।

तीन कविता पुस्तकें 'अपनी केवल धार' (1980), 'सबूत' (1989), 'नये इलाके में' (1996) तथा एक आलोचना-पुस्तक 'कविता और समय' (1999) प्रकाशित। 'पुतली में संसार' चौथा कविता-संग्रह। इनके अलावा वियतनामी कवि 'तो हू' की कविताओं-टिप्पणियों की एक अनुवाद-पुस्तिका, 'मायकोव्स्की' की आत्मकथा का अनुवाद तथा अंग्रेज़ी में 'वॉयसेज़' नाम से भारतीय युवा कविता के अनुवादों की किताब प्रकाशित। देश एवं विदेश के अनेक साहित्यकारों की कविताओं तथा लेखों के हिन्दी अनुवाद विभिन्न पत्र-पत्रिकाओं में प्रकाशित।

अभी 'अनुस्वार' नामक एक अनुवाद-स्तम्भ प्रभात खबर (राँची) में हर पखवाड़े। बीच में नवभारत टाइम्स (पटना) के लिए जन-गण-मन स्तम्भ में सामयिक टिप्पणियाँ लिखीं तथा इण्टरनेट पत्रिका 'लिटरेट वर्ल्ड' के लिए भी स्तम्भ-लेखन किया।

कविता के लिए भारतभूषण अग्रवाल स्मृति पुरस्कार (1980), सोवियत भूमि नेहरू पुरस्कार (1989), श्रीकान्त वर्मा स्मृति पुरस्कार (1990), रघुवीर सहाय स्मृति पुरस्कार (1996), शमशेर सम्मान (1997) तथा 'नये इलाके' में कविता-पुस्तक के लिए वर्ष 1998 का साहित्य अकादमी पुरस्कार।

अफ्रोएशियाई युवा लेखक सम्मेलन, ब्राजाविले, कांगो में भारत के प्रतिभागी। रूस, चीन तथा इंग्लैंड की साहित्यिक यात्राएँ। अनेक देशी-विदेशी भाषाओं में कविताएँ अनूदित। उर्दू तथा पंजाबी में कविता-पुस्तकें प्रकाशित।

साहित्य अकादमी की सामान्य परिषद् एवं सलाहकार समिति के सदस्य। हिन्दी साहित्य सम्मेलन, प्रयाग की कार्य समिति के सदस्य।

अभी पटना विश्वविद्यालय के अंग्रेज़ी विभाग में अध्यापन।

पाठ-सार : उल्टा ज़माना

वर्तमान जीवन में असंगति, अतार्किकता तथा अव्यवस्था के हम इतने आदी हो गये हैं कि जब चीज़ें तथा स्थितियाँ ठीक होने लगती हैं तब भी हम संशय, शक, तथा डर से भर जाते हैं। अरुण कमल उसी ठीक होती स्थिति का मनुष्य के मन पर पड़ने वाले प्रभाव का चित्रण कर रहे हैं। यह एक ऐसा ज़माना है जो बातों, चीज़ों का उल्टा असर हम पर डाल रहा है।

कोई रास्ता बताता है तो लगता है रास्ता ग़लत है। आगे जाकर लूट न ले। रात कोई आपको रहने, ठहरने सोने का आसरा दे तो लगता है कि खून न कर दे सोते में। दुकानदार स्वागत करे तो ठगे जाने का आभास होता है। पुलिस वाला हँसकर बात करे तो किसी झूठे मुकदमे में फँस जाने का भय होता है।

हर भलाई में साजिश नज़र आती है। यदि सरकार गाँव तक पक्की सड़क बनवा दे तो लगता है कि हमारी सुविधा के लिए नहीं, फौज के आने-जाने के लिए बनवा रही है।

सारतः हर स्वाभाविक प्रक्रिया में शक व डर की सर्जना होती है। दरअसल उल्टा जमाना हो गया है।

पाठ-सार : मुक्ति

प्रस्तुत कविता में एक निम्न मध्यवर्गीय पिता की मानसिक स्थिति का अंकन किया गया है। कवि पिता की स्थिति को समझते-समझाते हुए आर्थिक तथा सामाजिक टिप्पणी भी कर रहा है। यह पिता एक 'रिटायर्ड स्कूल मास्टर' है। जो अपने परिवार को पालने-पोसने के लिए घर-घर ट्यूशन पढ़ाता है और स्वयं के बच्चों पर ध्यान नहीं दे पाता।

यह पिता जब अपने बच्चे को पढ़ाई में कमजोर पाता है तो उसे पीट देता है। वह ग्लानि बोध से भर जाता है। उसे स्वयं में दोष दिखायी देता है किन्तु गृहस्थी की समस्याएँ भी थीं। चार साल से सेवामुक्त यह मास्टर अब पुराने दिनों को याद कर रहा है। परन्तु अब परिवार चलाने के लिए ट्यूशन करता है। उसने गृहस्थी का भार ढोया है। वास्तव में यह अवकाश या समाप्ति नहीं है, एक नयी ज़िन्दगी की शुरुआत है। वह बार-बार पूछता रहा है कि इसमें बच्चे का क्या कुसूर, क्यों उठ गये मेरे हाथ? वास्तव में यह सवाल हम सबके लिए है। देश समाज की फिक्र, परवाह करते हम अपने परिवार से कट जाते हैं, जब होश आता है, पछतावा बाकी बचता है।

उल्टा ज़माना

ऐसा ज़माना आ गया है उल्टा
कि कोई तुम्हें रास्ता बताए तो
शक करो
वह तुम्हें लूट सकता है सुनसान पाकर
कोई तुम्हें रात में सोने की जगह दे तो सोचो
तुम्हारा खून कर सकता है चुपचाप
और लाश आँगन में गाड़ देगा

दुकानदार यदि पीने को चाय दे
तो समझो कि ठगने की ताक में है
थानेदार कभी हँसते हुए कन्धे पर हाथ दे
तो तै है किसी दफ़ा में फँसने वाले हो

क्या करोगे, समय ऐसा है कि
कोई भलाई भी करे तो सोचना पड़ता है
ख़ुश होने की बात नहीं
थोड़ा सोचने का काम है
तुम्हारे गाँव तक यह सरकार जो दो हफ़्ते में
पक्की सड़क बनवा रही है
ख़ुश मत होवो कि इस पर चलेंगी गाड़ियाँ
और तुम घण्टे-आधे-घण्टे में शहर पहुँच जाओगे
और खाने के वक़्त तक
वापस घर लौट आओगे
यह भी सोचो कि इसी से होकर
मिनट भर में पहुँचेगी सरकारी फ़ौज
और तुम्हारा गाँव राख बन जाएगा।

मुक्ति

आज जब पढ़ते-पढ़ाते मैंने तुझे
मारा, मेरे बच्चे
तब क्यों भर गयीं मेरी आँखें
नम क्यों हो गये मेरे नाखून तक?

तुम रोए नहीं, तुम हिले भी नहीं
बैठे रहे चुपचाप पाँव पर पाँव धरे
और मैंने देखे तुम्हारे उघड़े हुए
लम्बे साँवले पाँव।

अब जब सोचता हूँ ठण्डे मन से
अब जब उतरी है बाढ़
देखता हूँ अपने ही अन्दर दुर्गन्ध और
पाँक से
भरी हुई गालियाँ
टूटे मकान, ढही भित्तियाँ
देखता हूँ अपना विनाश।

दोष मेरा ही था।
मैंने कभी पूछा नहीं, कैसे हो तुम?
जानता भी नहीं था क्या-क्या पढ़ते हो
तुम।
और आज जब अचानक देखा मैंने,

तुम कुछ भी नहीं जानते
मेरा लड़का कुछ भी नहीं जानता
तब...
सोचो, मैं कितना दुःखी था
हृदय ने बाँटे थे धमनियों में जो रक्त
आज
वे ही रक्त घोंटते थे हृदय।

दोष लेकिन मेरा भी क्या था
मैं एक रिटायर्ड स्कूल मास्टर
जो सुबह से शाम तक घूमता है यहाँ से
वहाँ

इस-उसके बेटे-बेटियों को ट्यूशन पढ़ाता
बैठाता कैसे थोड़ी-भी देर खुद अपने बेटे के पास—
जब घर से निकलता, तुम सोए होते
जब लौटता, तुम सोए होते।

चार साल हो गये,
चार साल हो गये अवकाश मिले—
कितना अच्छा था देखना एक भरा हुआ
कमरा
सूर्यमुखी फूलों-सी सैकड़ों आँखें घूमतीं
मेरे साथ
मैं खिच्चा उँगलियों में खल्लियाँ
पकड़ाता—और आज मैं सेवा-मुक्त हूँ, आजाद;
क्या किया मैंने इस जीवन में
सयानी लड़कियाँ, बच्चे, कच्ची गृहस्थी
अभी भी ज़िन्दगी ढूँढ़ती है धुरी
अभी भी ज़िन्दगी ढूँढ़ती है मुक्ति
कहाँ अवकाश, कहाँ समाप्ति

अभी ही तो शुरू हुई ज़िन्दगी
अभी ही तो चरखे में डाली है पूनी।

क्यों उठ गये थे हाथ
आज क्यों उठे मेरे हाथ।

शब्दार्थ

उल्टा ज़माना

सुनसान–एकान्त; तै–निश्चित।

मुक्ति

पाँक–कीचड़; **भित्तियाँ**–दीवारें; **पूनी**–धुनी हुई कपास जिससे सूत काता जाता है।

केदारनाथ सिंह

केदारनाथ सिंह का जन्म नवम्बर 1934 को चकिया (बलिया) उत्तर प्रदेश में हुआ। इनका सम्बन्ध सामान्य किसान परिवार से रहा। इनका बचपन सहज सुख और सुविधाओं में व्यतीत हुआ। इनके पिता सक्रिय राजनीतिक कार्यकर्ता थे। अखबार नियमित पढ़ते थे, संगीत में काफी रुचि रखते थे। केदारनाथ सिंह की आरम्भिक शिक्षा गाँव में ही हुई। हाई स्कूल से एम.ए. तक की शिक्षा वाराणसी में हुई। उदय प्रताप कॉलिज तथा हिन्दू विश्वविद्यालय बनारस से एम.ए. करने के पश्चात आधुनिक हिन्दी कविता में बिम्ब विधान विषय पर सन् 1964 में पीएच.डी. की उपाधि प्राप्त की।

यदि इनके आरम्भिक प्रयास को छोड़ दिया जाये तो विधिवत एवं व्यवस्थित रूप से 1952-53 के आस-पास लिखना शुरू किया। सन् 1954 में पाल एलुआर की प्रसिद्ध कविता 'स्वतन्त्रता' का अनुवाद किया। इस प्रकार नयी सौन्दर्य दृष्टि और समकालीन काव्य चेतना से इनका प्रथम परिचय हुआ। कुछ समय तक बनारस से निकलने वाली अनियत कालिक पत्रिका 'हमारी पीढ़ी' से भी ये सम्बद्ध रहे। इनका पहला कविता संग्रह 'अभी बिल्कुल अभी' सन् 1960 में प्रकाशित हुआ। केदारनाथ सिंह तीसरा सप्तक के सहयोगी कवियों में से एक हैं।

केदारनाथ सिंह व्यवसाय से अध्यापक रहे हैं। इनके कार्यक्षेत्र का प्रसार ठेठ ग्रामांचल से महानगर तक का है। ये उदय प्रताप कॉलिज, वाराणसी, सेंट एण्ड्रूज कॉलिज गोरखपुर, उदित नारायण कॉलिज पड़रौना तथा गोरखपुर विश्वविद्यालय से सम्बद्ध रहे। सन् 1976 से जवाहरलाल नेहरू विश्वविद्यालय, नयी दिल्ली में कार्य किया। साखी नामक अनियतकालिक पत्रिका का सम्पादन कार्य भी किया।

काव्य पाठ के लिए इन्होंने अमेरिका, रूस, कज़ाकिस्तान आदि देशों की

यात्राएँ भी कीं। इन्हें अनेक पुरस्कारों से सम्मानित किया गया है। साहित्य अकादमी पुरस्कार इनको प्राप्त हुआ है। इसके साथ ही इन्हें मैथिलीशरण गुप्त सम्मान (मध्य प्रदेश), कुमारन आशान पुरस्कार (केरल), दिनकर पुरस्कार (बिहार) तथा जीवन भारती सम्मान (उड़ीसा) भी प्राप्त हुए हैं। इनकी कविताओं के अनुवाद अंग्रेज़ी, स्पैनिश, रूसी, जर्मन, हंगेरियन के साथ ही सभी प्रमुख भारतीय भाषाओं में हुए हैं।

अभी बिल्कुल अभी, ज़मीन पक रही है, यहाँ से देखो, अकाल में सारस, प्रतिनिधि कविताएँ, उत्तर कबीर और अन्य कविताएँ, बाघ (लम्बी कविताएँ) इनके विविध प्रमुख काव्य संग्रह हैं। कल्पना और छायावाद गद्य साहित्य से सम्बन्धित रचनाएँ हैं। मेरे समय के शब्द प्रमुख गद्य रचना है। आधुनिक हिन्दी कविता में बिम्ब विधान इनका शोध ग्रन्थ है।

पाठ-सार : धब्बा

जनवादी कवि केदारनाथ सिंह जनसाधारण की पीड़ा को कविता में ढालते हैं। उनकी कविता जितनी शब्दबद्ध होती है उससे ज्यादा शब्दों में पीछे होती है। प्रस्तुत कविता 'धब्बा' सड़क के बीच पड़े खून के धब्बे पर आधारित है। यहाँ यह नहीं बताया गया है कि यह खून है किसका, परन्तु स्थिति की गम्भीरता तथा संवेदना बताती है कि वह मानव रक्त का धब्बा है।

स्पष्ट है कि कोई पैदल आदमी जो सड़क पर चलने को मज़बूर रहा होगा किसी वाहन की चपेट में आया होगा अथवा कोई आन्दोलनकारी होगा जो व्यवस्था का शिकार हुआ होगा। अनेक कयास हैं, अनुमान हैं परन्तु महत्त्वपूर्ण बात यह है कि यह मानव खून का धब्बा सड़क पर न होकर व्यवस्था तथा लोकतन्त्र के मार्ग में है, जब कोई नहीं आता उसे धोने तो बरसात उसे धो देती है।

पाठ-सार : धानों का गीत

प्रस्तुत कविता गीतात्मक कविता है। यह किसान जीवन का गीत है। जैसाकि शीर्षक से ही स्पष्ट है 'धानों का गीत'।

कवि कहता है कि हमारे खेतों में धान नहीं प्राण उगेंगे। यहाँ बादल का आह्वान है। चाँद-सूरज सबको न्योता है, मनुहार है। सूनी डगरिया पुकार रही है, बेंत बनाने वाली बन भी पुकार रही है। साँझ भी गीली आँखों से पुकारेगी भोर में

खेत धन हो जायेंगे। फसल ही किसान का धन है। धानों की बालियों के रूप में प्राण ही काँपेंगे खेत में। हे बादल, तुम ज़रूर आना अर्थात खूब बरसना हमारे खेत में। तुलसी कनेर और पूजा के समय ज्वार बरसेंगे। जब धान दिये जायेंगे तो उत्सव होगा।

धान पकेंगे कि प्राण पकेंगे, किन्तु पकेंगे हमारे खेत में, हे बादल, ज़रूर आना हमारे खेत में। झीलों के पानी में खजूर हिलते दिखेंगे, खेतों के पानी में बबूल होंगे, पश्चिमी हवा में पेड़ों की शाखें झूमेंगी और सुहान्वी पूर्वा हवा में फूल खिलेंगे, और जब धान तुलेंगे हाट में तो जैसे प्राण ही तुलेंगे लेकिन यह सब तब होगा जब बादल आयेंगे हमारे खेत में।

प्रस्तुत कविता नागार्जुन की कविता 'बादल राग' की याद दिलाती है, तुझे बुलाता कृषक अधीर।

धब्बा

सुबह से पड़ा था
सड़क के बीचोंबीच
लाल दमकता हुआ खून का धब्बा
अब वह सूखकर
लाल से भूरा
और भूरे से धीरे-धीरे काला होता जा रहा था

जो भी उधर जाता था
देखता था धब्बे को
फिर आँख बचा दायें या बायें से
निकल जाता था आगे

इसी तरह दिनभर
हाथ उठाये हुए
सड़क पर पड़ा रहा खून का धब्बा

जब कोई नहीं आया
तो दिनभर की तपिश के बाद
घुमड़कर आ गयी झमाझम बारिश
बारिश धब्बे के पास गयी
उसने धीरे-से धब्बे को छुआ
उठाया
गले से लगाया
फिर उस उतनी-सी जगह को

जहाँ पड़ा था धब्बा
अपने गीले हाथों से
रगड़-रगड़ धोया

इस तरह क़िस्सा ख़त्म हुआ
खून के धब्बे का

अब बारिश खुश
कि उसने धो डाला धब्बे को
धब्बा खुश कि जैसे वह कभी सड़क पर
था ही नहीं!

धानों का गीत

धान उगेंगे कि प्रान उगेंगे
उगेंगे हमारे खेत में,
आना जी बादल ज़रूर।
चन्दा को बाँधेंगे कच्ची कलगियों
सूरज को सूखी रेत में,
आना जी बादल ज़रूर।

आगे पुकारेगी सूनी डगरिया
पीछे झुके बन-बेंत,
संझा पुकारेंगी गीली अखड़ियाँ
भोर हुए धन खेत,
आना जी बादल ज़रूर,
धान कँपेंगे कि प्रान कँपेंगे
कँपेंगे हमारे खेत में,
आना जी बादल ज़रूर!
धूप ढरे तुलसी बन झरेंगे,
साँझ घिरे पर कनेर,
पूजा की बेला में ज्वार झरेगे
धान-दिये की बेर,
आना जी बादल ज़रूर,
धान पकेंगे कि प्रान पकेंगे
पकेंगे हमारे खेत में,
आना जी बादल ज़रूर!
झीलों के पानी खजूर हिलेंगे,

खेतों के पानी बबूल,
पछुआ के हाथों में शाखें हिलेंगी,
पुरवा के हाथों में फूल,
आना जी बादल ज़रूर
धान तुलेंगे कि प्रान तुलेंगे,
तुलेंगे हमारे खेत में,
आना जी बादल ज़रूर!

शब्दार्थ

धानों का गीत

कलगी–पौधा; **डगरिया**–रास्ता; **पछुआ**–पश्चिम।

अनामिका

जन्म : 17 अगस्त 1961, मुजफ्फरपुर, बिहार।

शिक्षा : एम.ए., पीएच.डी. (अंग्रेज़ी), दिल्ली विश्वविद्यालय।

कृतियाँ : गलत पते की चिट्ठी, बीजाक्षर, अनुष्टुप, खुरदुरी हथेलियाँ, कविता में औरत, दूब-धान (कविता-संग्रह); पोस्ट वॉर विमेन पोएट्स, डन-क्रिटिसिज्म डाउन द एजिज़, स्त्रीत्व का मानचित्र, वेयर किंग फिशर्स कैच फायर (आलोचना); मन माँजने की ज़रूरत, पत्थर जो पानी पीता है (निबन्ध); अवान्तर कथा, दस द्वारे का पींजरा, तिनका तिनके पास (उपन्यास); कहती हैं औरतें (सम्पादित कविता संग्रह)।

सम्मान : राष्ट्रभाषा परिषद् पुरस्कार, भारतभूषण अग्रवाल पुरस्कार, गिरिजाकुमार माथुर पुरस्कार, ऋतुराज सम्मान, साहित्यकार सम्मान।

सम्प्रति : रीडर, अंग्रेज़ी विभाग, सत्यवती कॉलेज, दिल्ली विश्वविद्यालय, दिल्ली।

पाठ-सार : बेजगह

समकालीन कविता में स्त्रियों को उनकी वास्तविक स्थिति के साथ पूरे भाव संवेदन तथा जीवन्त भाषा के साथ प्रस्तुत करने में अनामिका का महत्त्वपूर्ण स्थान है।

कवयित्री कहती है कि लड़कियों की शिक्षा समाज ऐसे करवाता है कि वे स्वतः एक परतन्त्रता का चुनाव कर लेती हैं। पहले स्कूल में ही यह बता दिया गया कि 'केश, औरतें और नाखून' अपनी जगह से कटकर कहीं के नहीं रहते।

स्कूल के पाठों में भी लड़कों की क्रिया खाने-पीने-खेलने की होती है तो लड़कियों की घरेलू कामकाज तथा आज्ञाकारिणी बनकर रहने की होती है। इस प्रकार लड़कियों को उनकी वास्तविक जगह से काटकर कहीं और स्थापित

कर दिया जाता है। क्या औरतों की तुलना केशों, नाखूनों से की जा सकती है? यह एक ऐसी प्रक्रिया है जहाँ औरत को एक जैविक प्रक्रिया में ढाल दिया जाता है। उसकी मानवीय गरिमा और अस्तित्त्व को एकदम नकार दिया जाता है। अनामिका इस जबरदस्ती थोपी गयी भाषा तथा वैचारिकी का खुलासा अनामिका बखूबी करती है।

पाठ-सार : स्त्रियाँ

कवयित्री अनामिका स्त्रियों की सामाजिक स्थिति की तरफ ध्यान दिलाती है कि जो व्यवहार बच्चों की फटी-पुरानी कॉपियों के साथ लिफाफा बनाने की प्रक्रिया में होता है वो हमारे साथ किया गया। जैसे बेरुखी से लोग कलाई घड़ी में समय देखते हैं वैसे हमें देखा गया। सस्ते तथा फ़िल्मी गानों की तरह हमें सुना गया। हमारे दुःख-दर्दों को यूँ देखा गया जैसे हमसे बहुत दूर का कोई रिश्ता हो। हमें नयी सीखी भाषा की तरह अनमने से बरता गया।

हमें तुरन्त ही दुश्चरित्र घोषित कर दिया गया। यह समाज जो हमारा नियामक बना हुआ है। ये लोग जो परम पुरुष बनकर फतवे और निषेधाज्ञा लागू करते हैं, हम उनसे कह रही हैं कि हमें बख्श दो, हमारे बारे में चिन्तित न हों, अपनी चिन्ता हम स्वयं कर लेंगी। अनामिका स्त्रियों की तरफ से समाज के तथाकथित ठेकेदारों को दूर रहने की हिदायत दे रही हैं।

बेजगह

"अपनी जगह से गिरकर
कहीं के नहीं रहते
केश, औरतें और नाखून"–
अन्वय करते थे किसी श्लोक का ऐसे
हमारे संस्कृत टीचर।
और मारे डर के जम जाती थीं
हम लड़कियाँ
अपनी जगह पर!

जगह? जगह क्या होती है?
यह, वैसे, जान लिया था हमने
अपनी पहली कक्षा में ही!
याद था हमें एक-एक अक्षर
आरम्भिक पाठों का–
''राम, पाठशाला जा!
राधा, खाना पका!
राम, आ बताशा खा!
राधा, झाड़ू लगा!
भैया अब सोएगा,
जाकर बिस्तर बिछा!
अहा, नया घर है!
राम, देख, यहे तेरा कमरा है!"
"और मेरा?"

"ओ पगली,
लड़कियाँ हवा, धूप, मिट्टी होती हैं
उनका कोई घर नहीं होता!"

जिनका कोई घर नहीं होता—
उनकी होती है भला कौन-सी जगह?
कौन-सी जगह होती है ऐसी
जो छूट जाने पर
औरत हो जाती है
कटे हुए नाखूनों,
कंघी में फँसकर बाहर आये केशों-सी
एकदम से बुहार दी जाने वाली?

घर छूटे, दर छूटे, छूट गये लोग-बाग,
कुछ प्रश्न पीछे पड़े थे, वे भी छूटे!
छूटती गयी जगहें।

परम्परा से छूटकर बस यह लगता है—
किसी बड़े क्लासिक से
पास कोर्स बी.ए. के प्रश्नपत्र पर छिटकी
छोटी-सी पंक्ति हूँ—
चाहती नहीं लेकिन
कोई करने बैठे
मेरी व्याख्या सप्रसंग!

सारे सन्दर्भों के पार
मुश्किल से उड़कर पहुँची हूँ,
ऐसे ही समझी-पढ़ी जाऊँ
जैसे

अधूरा अभंग!

स्त्रियाँ

पढ़ा गया हमको
जैसे पढ़ा जाता है काग़ज़
बच्चों की फटी कॉपियों का
चना ज़ोर गरम के लिफ़ाफ़े बनाने के पहले!
देखा गया हमको
जैसे कि कुफ़्त हो उनींदें
देखी जाती है कलाई घड़ी
अलस्सुबह अलार्म बजने के बाद!

सुना गया हमको
यों ही उड़ते मन से
जैसे सुने जाते हैं फ़िल्मी गाने

सस्ते कैसेटों पर
ठसाठस्स ठुँसी हुई बस में!

भोगा गया हमको
बहुत दूर के रिश्तेदारों के
दुःख की तरह!
एक दिन हमने कहा
हम भी इंसान हैं—
हमें कायदे से पढ़ो—एक-एक अक्षर

जैसे पढ़ा होगा बी.ए. के बाद
नौकरी का पहला विज्ञापन!
देखो तो ऐसे
जैसे कि ठिठुरते हुए देखी जाती है
बहुत दूर जलती हुई आग!

सुनो हमें अनहद की तरह
और समझो जैसे समझी जाती है
नयी-नयी सीखी हुई भाषा!

इतना सुनना था कि अधर में लटकती हुई
एक अदृश्य टहनी से
टिड्डियाँ उड़ीं और रंगीन अफवाहें
चीखती हुई चीं-चीं
'दुश्चरित्र महिलाएँ, दुश्चरित्र
महिलाएँ—
किन्हीं सरपरस्तों के दम पर फूली-फैली
अगरधत्त जंगली लताएँ!
खाती-पीती, सुख से ऊबी
और बेकार बेचैन, आवारा महिलाओं
का ही
शगल हैं ये कहानियाँ और कविताएँ...।
फिर ये उन्होंने थोड़े ही लिखी हैं
(कनखियाँ, इशारे, फिर कनखी)
बाकी कहानी बस कनखी है।
हे परमपिताओ,
परमपुरुषो—
बख्शो, बख्शो, अब हमें बख्शो!

शब्दार्थ

बेजगह

जगह–स्थान; **केश**–बाल; **दर**–ठिकाना।

स्त्रियाँ

सरपरस्त–संरक्षक।

अशोक वाजपेयी

जन्म : 1941। हिन्दी कवि, आलोचक, सम्पादक और संस्कृतिकर्मी। कविता के लिए 1994 में साहित्य अकादेमी पुरस्कार और दयावती मोदी कवि शेखर सम्मान। भारत भवन, महात्मा गाँधी अन्तर्राष्ट्रीय हिन्दी विश्वविद्यालय, मध्यप्रदेश आदिवासी लोक कला परिषद्, ध्रुपद केन्द्र आदि अनेक संस्थाओं के संस्थापक। पैंतीस वर्ष तक भारतीय प्रशासन सेवा में मध्यप्रदेश शासन और भारत सरकार के अनेक उच्च पदों पर कार्यरत। कविता संग्रह : शहर अब भी सम्भावना है, एक पतंग अनन्त में, अगर इतने से कहीं नहीं वहीं, बहुरि अकेला, आविन्यों, समय के पास समय, इबारत से गिरी मात्राएँ; आलोचना-पुस्तकें : फिलहाल, कुछ पूर्वग्रह, समय से बाहर, कविता का गल्प, सीढ़ियाँ शुरू हो गयी हैं, कभी-कभार, पाव भर जीरे में ब्रह्मभोज और अंग्रेज़ी में रज़ा और सेवेन। समवेत, पहचान, पूर्वग्रह, कविता एशिया, बहुवचन, समास आदि पत्रिकाओं के संस्थापक और संपादक। पोलिश कवियों तादेऊष रूज़ेविच और ज्बीग्न्येव हेर्बेर्त की कविताओं के हिन्दी अनुवादों के संचयनों के सम्पादक।

पाठ-सार : शब्द नहीं बचे

अशोक वाजपेयी सूक्ष्म संवेदनाओं के कवि हैं। सहज स्वाभाविक से भावों को शब्द देकर वे कविता की रचना करते हैं। 'शब्द नहीं बचे' एक ऐसी ही कविता है। इसमें कवि मन का द्वन्द्व और दुविधा को स्थान दिया गया है।

इस बर्बर समय में जब देश, समाज और कविमन जल-झुलस रहे हैं तब उसके शब्द भी जले हुए तथा घायल पड़े हैं। जब हिंसा तथा नफरत के वातावरण में कवि मानस तक घायल है तो भाषा कैसे बचेगी?

कवि सचेत है, जानता है कि लोग बातों-बातों में हत्या भी कर देते हैं। मारकाट तथा षड्यन्त्र के वातावरण में कवि चाहता था चुप रहकर भाषा की

पवित्रता को बचा लूँ किन्तु उसका ऐसा करना भाषा को जला, सड़ा गया।

यह हत्यारों का दौर है। उनके चेहरों पर विजेताओं वाले भाव हैं। भाषा में गन्दापन, गालियाँ, हिंस, घृणा के भाव भर दिये हैं इन हत्यारों ने। भाषा को इतना बिगाड़ दिया है कि जीवन की वास्तविकता कविता से बाहर कर दी गयी है। मुहल्ले-पड़ोस का परम्परागत मैत्री भाव कविता के क्षेत्र से बाहर कर दिया गया है।

पाठ-सार : कुछ तो

पिछली कविता की ही तरह यहाँ भी कवि शब्दों को बचाना चाहता है। शब्द का बचना भाषा का और भाषा का बचना जीवन का बचना होता है। शब्दों में ही रोशनी है। तमाम प्रकृति नष्ट हो जाने पर शब्द ही उम्मीद की रोशनी हैं। सारी दुनिया नष्ट हो जाने के बाद भी कवि शब्दों में से ही भविष्य के संकेत खोज लेने की बात कर रहा है। जैसे एक छोटा बच्चा तुतलाते हुए अपना खिलौना तलाश कर लेता है वैसे ही शब्दों को, संकेतों को पा लेगा और अपनी दुनिया सहेज लेगा। इस प्रकार शब्दों की रोशनी से यह दुनिया भी बच सकेगी।

यह कविता शब्दों के रूप में संवेदना, परम्परा तथा संस्कृति भावी पीढ़ी को सौंपने पर बल देती है।

शब्द नहीं बचे

मेरे पास शब्द नहीं बचे :
सिर्फ़ कुछ सहायक क्रियाएँ, एकाध अव्यय
और दो-चार चुप्पियाँ और सिसकियाँ।
मैंने दूर से देखा कि
बहुत सारे शब्द
लहूलुहान पड़े हैं—
आग में झुलसे और राख हुए
कुछ कराहते और घायल,
कुछ राहत की उम्मीद में हिलगे हुए,
ढहा दी गयी दुकानों और
धराशायी हुए मकानों के अँधेरों में।
कुछ बेहद मासूम लगते बच्चा चेहरों के साथ
घूरे पर पड़े थे जैसे कि कचरा हों—
मेरी हिम्मत नहीं हुई कि उन्हें उठाकर
इस बर्बर समय पर एक कविता बनाऊँ।

मैं अबोध नहीं था,
मैं खबर रखता था, अपने तईं चौकन्ना था—
मैं जानता था कि लोग बात-बात में खून के प्यासे हो जाते हैं
मैंने चौक-चौपाल मे मार-काट के षड्यन्त्र बनते सुने थे :
मैं चुप रहा
क्योंकि मुझे भरोसा था कि
भाषा फिर भी पवित्र बची रहेगी।

सड़ाँध और चिरायँध आ रही है भाषा से
खून, चिथड़े और बेरहमी से तोड़ी गयी हड्डियों में लिथड़ी है भाषा :
प्रार्थना बन गयी है एक खूँखार गाली
पड़ोस हत्याघर, गलियाँ हिंसा की वीथिकाएँ
जो कल तक अपने थे आज दूसरे बना दिये गये :
हत्यारों के चेहरे पर खून के दाग नहीं दिग्विजय की आभा है
मैं असहाय देखता रहा हूँ कि कैसे शब्द गन्दे किये जाते हें,
भाषा के विन्यास में घृणा कैसे बुनी जाती है,
मुहल्ले पड़ोस को कविता से बाहर कैसे किया जाता है।

कुछ तो

सारे अँधेरे के बावजूद
शब्दों में
कुछ तो रोशनी बचेगी
सच की रोशनी
खून की रोशनी
जलकर भस्म हो गये जंगल में
छोटी-छोटी पत्तियों की हरी रोशनी

अर्थ सारे दह जाने के बाद भी
कुछ तो बचेंगे संकेत
हमारी खाक हुई दुनिया के कुछ तो निशान।

तुतलाते हुए एक बच्चा
बगीचे कोने में पड़े
पुराने खिलौने की तरह
उन्हें पा लेगा
और उन्हीं से अपनी
दुनिया सहेजेगा।

कुछ बचेंगे शब्द
तो कुछ बचेगी रोशनी भी
और रोशनी बचेगी
तो कुछ यह दुनिया भी।

शब्दार्थ

शब्द नहीं बचे

राहत–आश्वासन; **हिलगे हुए**–व्यस्त, लगे हुए; **चिराँयध**–जलते हुए शव की दुर्गन्ध; **वीथिकाए**–गैलरी जहाँ चित्र आदि प्रदर्शित किये जाते हैं।

कुछ तो

खाक–राख।

भाग-2

लम्बी कविताएँ

नागार्जुन

हिन्दी तथा मैथिली में समान रूप से लिखने वाले कवि तथा उपन्यासकार नागार्जुन का जन्म दरभंगा (बिहार) जिले के तरौनी ग्राम में सन् 1911 ई. में हुआ था। इनका वास्तविक नाम वैद्यनाथ मिश्र, हिन्दी में लेखन 'नागार्जुन' के नाम से तथा मैथिली में 'यात्री' नाम से किया। बाबा नाम से आदरपूर्वक बुलाये जाने वाले नागार्जुन ने काशी संस्कृत विद्यालय से व्याकरण मध्यमा परीक्षा उत्तीर्ण की। सिंहलद्वीप जाकर बौद्ध धर्म में दीक्षित हुए। स्वाध्याय से ही आपने हिन्दी, संस्कृत, अंग्रेज़ी, मैथिली, पालि, अर्धमागधी, अपभ्रंश, तिब्बती, मराठी, गुजराती, बंगाली, पंजाबी, सिन्धी, सिंहली भाषाओं का ज्ञान प्राप्त किया। नागार्जुन ने अनेक भाषाओं में साहित्य रचना भी की है।

नागार्जुन जनवादी कवि तथा गद्य-लेखक हैं। मार्क्सवादी दर्शन से प्रभावित हैं तथा करुणा, मैत्री, मानवतावादी सोच इनकी रचनाओं में मिलती है। राजनीतिक दृष्टि से जागरूक रचनाकार हैं। समाज में व्याप्त शोषण तथा अन्याय उन्हें व्यथित करता है। उनकी निष्ठा समाजवाद तथा जनतन्त्र में है। देशभक्ति का भाव प्रत्यक्ष तथा परोक्ष रूप में रचनाओं में उपस्थित रहता है। आप घुमक्कड़ वृत्ति के हैं। आपने सन् 1934 में ही घर छोड़ दिया था। उसके बाद घर के प्रति बहुत लगाव नहीं रहा। इनका बहुआयामी व्यक्तित्व इनके साहित्य में भी झलकता है।

इनकी कविताओं में संस्कृत की ललित शब्दावली का प्रयोग है। प्रकृति-वर्णन में इनकी भाषा सरल तथा स्वाभाविक है। व्यंग्यात्मक शब्दों का भी प्रयोग है। आधुनिक हिन्दी कविता में शिष्ट-गम्भीर-हास्य तथा सूक्ष्म-चुटीले-व्यंग्य की दृष्टि से नागार्जुन की कविताएँ अपनी विशिष्ट पहचान रखती हैं। सामान्यतः लोकोन्मुखी भाषा का प्रयोग किया है।

नागार्जुन ने अनुवाद भी किया। बाल साहित्य की रचना की। उनके मैथिली

काव्य-संग्रह 'पत्रहीन नग्न गाछ' को 1969 ई. में साहित्य अकादेमी की ओर से पुरस्कार प्राप्त हुआ। हिन्दी संस्थान, लखनऊ द्वारा 1983 ई. में 'विशिष्ट साहित्यकार' के रूप में सम्मानित किया गया।

आपकी प्रसिद्ध कृतियाँ हैं—भस्मांकुर, युगधारा, सतरंगे पंखों वाली, बलचनमा, बाबा बटेसरनाथ आदि।

नागार्जुन का निधन सन् 1998 ई. में हुआ।

पाठ-सार : वह फिर जी उठी

नागार्जुन जनवादी कवि हैं। उनकी कविता में अपने आसपास का सारा परिवेश जीवन्त मिलता है। नदी, पहाड़, बादल, किसान, मज़दूर यहाँ तक कि नेवला, मादा सुअर जैसे जानवर भी उनकी कविता के विषय बने हैं। प्रस्तुत कविता में 'एक नदी' की जीवन-गाथा का चित्रण है। किन परिस्थितियों में नदी बहती है, सूखती है और फिर जल से भरकर जी उठती है, उस सारी प्रक्रिया को कवि ने शब्दबद्ध किया है।

पहाड़ी प्रदेश की एक नदी जो बेहद मस्त स्वभाव से बहती चलती है। उसके आसपास सुन्दर हरियाली है। फल-फूलों के लहराते वृक्ष हैं। जामुन, गूलर, पलाश, आम आदि हैं तो पक्षी, मछली, बगुले इत्यादि सभी इस नदी की देन हैं। आसपास के गाँव भी इसी पर गुजारा करते हैं। गाँव के लड़कों, लड़कियों का यही क्रीड़ास्थल है। अमीर-गरीब, शिकार-शिकारी, किसान-फ़सल सभी खुश हैं। सभी नदी के सहारे गुजारा कर रहे हैं। एक संस्कृति इस नदी के कारण यहाँ फल-फूल रही है। नाच, गीत, थिरकन, अलाप, सिहरन, जीत, हुलास, सब हैं यहाँ। सब रिश्ते यहाँ मूर्त हैं माँ, बेटी, बहन, बहू सबका भरा पूरा समाज यहाँ मौजूद है। यह नदी भी ऐसी है जिसके साथ लोगों ने रिश्ते भी कायम कर रखे हैं—सहेली, प्रेयसी, साथिन सब है नदी।

लेकिन एक दिन अचानक नदी अपनी समृद्धि पर घमण्ड करके अकड़ गयी। हालाँकि वह अपने आसपास की प्रकृति के इठलाने पर अकड़ी और लोगों के व्यवहार पर गुस्सा हुई कि लोग उसका खयाल नहीं रखते। बासी फूल, पूजा सामग्री सब उसमें डाल देते हैं। कहीं पशु नदी का स्वरूप बिगाड़ देते हैं, कहीं लोग। अकड़कर नदी ने समेट लिया स्वयं को। चारों ओर तबाही मच गयी। लोग परेशान हो गये। हर तरफ पानी गन्दा होकर कीचड़ बन गया। हर तरफ बालू की लाश-सी बिछ गयी। सारा प्रदेश परेशान क्योंकि नदी मर गयी थी।

किसान, हवा, बादल, सूरज सब दुखी थे। सबकी सलाह हुई और एक रात बादल बरस गये और नदी को जीवन दे दिया, अर्थात पानी दे दिया और 'वह फिर जी उठी'। जीवन फिर से पहले की तरह नाचने-हँसने-गाने लगा। सारी प्रकृति फिर से खिल उठी। बादलों ने नदी में जल बहाया तो जैसे नदी का घमण्ड भी उसी में बह गया।

यह कविता एकदम हमारे वर्तमान से जुड़ती है। एक कविता में नदी घमण्ड करती सिकुड़ जाती है, किन्तु हम वास्तविक जीवन में अपनी नदियों को बरबाद कर रहे हैं उस तरफ भी ध्यान दिया जाना चाहिए। कविता जल एवं पर्यावरण की चिन्ता को सामने लाती है।

वह फिर जी उठी

पहाड़ी प्रदेश, ऊभड़-खाभड़!
छोटा नागपुर या मध्य प्रदेश का ऐसा ही
कोई इलाका...
छोटी-सी एक नदी
अपने आप में मस्त
हाँ, पहाड़ी नदी!
हरे-भरे किनारे
इधर भी जंगल, उधर भी जंगल
जामुन, गूलर, पलाश, आम, महुआ, नीम...
सभी देखते हैं अपना-अपना चेहरा
—नदी के पानी में!
रात को झाँकते सोते हैं आसमान के तारे
जगमगाती है दिन के वक्त
उड़ते पंछियों की परछाईं
नदी क्या है, आईना है!
अन्दर तैरती हैं मछलियाँ, बाहर बतखें...
कछारों में बगुलों की कतार
जाने, क्या देख रहे हैं महाशय जी, ध्यान
जमाकर
गाँव भी आबाद है बीच-बीच में...
नदी के दोनों ओर...
बाँस और लकड़ी के कामचलाऊ पुल...
अपने आप बना लेते हैं। लोग ऐसे पुल!
लगाते हैं छलाँग छोकरे

बहते पानी के अन्दर!
डुबोकर पैर, बैठी रहती हैं
देर-देर तक छोकरियाँ तट की शिलाओं पर!
सुनती हैं कहानियाँ
अलापती हैं कड़ियाँ लोकगीत की
डरता नहीं है कोई इस नदी से
प्यार ही प्यार मिलता है इसको
शिकार भी खुश
अमीर भी खुश
गरीब भी खुश
अमृत होता है एक-एक बूँद पानी फ़सलों की
खातिर!
कलियों को मिलती है सतरंगी रौनक
लेते हैं अगँड़ाइयाँ मोती–
फलियों के अन्दर, छीमियों के अन्दर!
ढलते हैं स्वादों के जादू फलित रसों की
रूह में!
नाच की थिरकन...
गीत का अलाप...
प्यार की सिहरन...
जीत का हुलास...
क्या नहीं है वह?
माँ भी है, बेटी भी है, बहन भी है,
बहू भी है!
सहेली भी है, प्रेयसी भी है!
साथिन है सुख-दुःख की, सब कुछ है!
क्या नहीं है वह अपनी जनता के लेखे!
हाय, यह क्या हुआ!
चढ़ गया घमण्ड का बुखार इस नदी को...
अकड़ क्यों गयी यह आखिर?
'नदी रानी, नदी रानी, कैसी हो तुम?

क्या हुआ तुमको?'
'ना, ना, कुछ न बोले कोई मुझसे...
मैं नहीं देती जवाब किसी के सवाल का!...'
'मालूम भी तो पड़े आखिर
किसने क्या कहा है तुमसे, नदी रानी?
बतला भी तो दो उसका नाम!
नहीं बतलाओगी? नहीं?'
'मुझे चिढ़ा रहा था नीम का बिरवा!
बना रहे थे मुँह—
जामुन और गूलर के बौने पेड़!
मार रही थी मुझे ताने लचकीली बेंत!'
अभी कल की बात है,
मार दिया था मुझे कंकर एक छोकरी ने
फूट ही जाती आँख...
बच गयी मैं तो!
पहचानती हूँ भली-भाँति
मैं उस छोकरी को
झूला चुकी हूँ घण्टों उसे
अपनी लहरों के झूले पर!
शादी क्या हुई,
मिजाज ही उलट गया दुष्ट का!
क्या मुझे छोड़ेगी वो?
परसों नहाने आया नौजवान आदिवासी
डाल गया मुरझाए फूलों की बासी माला
सुलगती रही सारी रात मैं ग्लानि के मारे...
ठीक है, ठीक है, छोकरी के साथ
नाचे थे तुम
मिलाकर कदमों से कदम, डालकर गल-बाँही
गुथी रही थी यह माला उसी के जूड़े में
सारा दिन!
मगर; चढ़ा गये मुझी पर क्यों तुम

अपने प्यार का यह जूठा प्रसाद?
ओह, मैं तुमको भी झेलूँ!
और, तुम्हारी मुहब्बत के नखरे भी!
भई, इतना तो नहीं पार लगेगा मुझसे!
अभी उस रोज़ आ गये झूमते-झामते
एक साँड़-साहब...
धँस गये बे-खटके मेरी धार के अन्दर!
मिटाया तन का ताप
बुझाई रग-रग की प्यास
देखते रहे गौर से अपने टूटे सींग, परछाईं
के अन्दर!
फिर जाने ललकारते रहे किसको!
फिर जाने दुहराते रहे विजय के कैसे-कैसे नारे!
देखना नहीं चाहती मैं इस मूर्ख को...
नाहक मुझे परेशान करता है बीच-बीच में
आकर!
किनारे की मिट्टियाँ मुलायम
उकेर-उकेर जाता है खुरों और सींगों से!
हाय राम, मैं क्या करूँ...
नहीं, मुझे फुसलाओ मत!
पहचानती हूँ तुम सबको!
धोखा नहीं दे सकता मुझको कोई...
हाँ, मैं पहचानती हूँ एक-एक को!
नहीं गलाऊँगी अब मैं अपनी देह किसी
की खातिर!
बन्द कर दूँगी मैं तो अब बहना ही
क्या कर लेगा मेरा कोई!
रहूँगी अब मैं जहाँ की तहाँ
गर्ज हो किसी को तो सामने आए,
देखूँगी मैं!'
'अरे, नहीं नदी रानी!

ऐसा नहीं, ऐसा नहीं, ऐसा नहीं...
रंज मत होना नदी रानी!'
'नहीं?'
'नहीं!'
'नहीं?'
'नहीं!'
'नहीं?'
'नहीं! नहीं! नहीं!'
नदी ने समेट लिया अपने को!

रुक गये प्रवाह..
गायब हो गयी लहरें...
फैलने लगा सेवार अन्दर-ही-अन्दर
बदलती गयी पानी की रंगत
कहीं और जाने लगे प्यासे पशु-पक्षी
टहलने-बुलने लगे कीड़े
झाँकना तक छोड़ दिया छोकरों-छोकरियों ने...
पाँक और पाँक और पाँक!
कीचड़ और कीचड़ और कीचड़!
वही कूल, वही किनारा...
लेकिन प्राण ही गये थे सूख
खड़े थे उदास तटवर्ती पेड़
दिखती थी रेत-ही-रेत
मर गयी थी नदी
बिछी थी बालुकामय लाश!
मच गया हल्ला सारे प्रदेश में
मर गयी थी नदी!
उमड़ पड़े जगह-जगह लोग...
मर गयी थी नदी!
दुःखी था किसान...मर गयी थी नदी!
फिर से आ गयी जान नदी के अन्दर

कई महीने बाद...
बादलों से कहा था सूरज की किरणों ने;
सूरज की किरणों से कहा था हवा ने!
हवा से कहा था मेंढकों ने!
झेलना पड़ा था नदी का घमण्ड बेचारे
मेंढकों को...
झूठा घमण्ड! फ़िजूल का घमण्ड!
डाल दिया बादलों ने
नदी के अन्दर जीवन चुपचाप एक रात!
डूब गये दियारे छोटे-मोटे
टूट गयीं हदें, टूट गये बाँध!
फिर से हो गया चालू पानी का प्रवाह
किनारों के बीच से होकर
फिर से लगीं नाचने लहरें
फिर से लगे मचलने झाग
फिर से फैल गयी खुशखबरी इर्द-गिर्द
फिर से शुरू हुआ लोगों का आना-जाना
फिर से आने लगे पखेरू
कछारों में दीख पड़ी फिर से
वन्य जन्तुओं के पैरों की छाप
छेड़खानी करने लगी नदी फिर उनसे!
फिर से लगीं उछलने वह छोटी-छोटी
मछलियाँ
फिर से जगमगा उठे चाँदी के झुमके
लहरिया मेहराब पर!
फिर से लगे उलीचने पानी एक-दूसरे पर
छोकरे और छोकरियाँ
मुस्कारने लगे फिर से किनारों के जंगल
फिर से पा गये आईना अपना
जामुन और नीम और गूलर और पलाश!
कितनी खुश हैं

तटवर्ती गाँवों की क्वाँरी लड़कियाँ!
दोनों भर-भर बहा रही हैं जलते दीपक!
किस ओर चला गया है जाने
बहकर नदी का घमण्ड!
कभी नहीं सूखेगी अब यह नदी
बहती रहेगी सदैव यह चंचल सरिता
चंचल होगी तो होगी, जानमारू नहीं होगी!
बाँटती रहेगी छोटी-छोटी खुशियाँ
छोटी-छोटी लहरों के ज़रिए!

शब्दार्थ

ऊबड़-खाभड—ऊबड़-खाबड़, ऊँची-नीची ज़मीन; **गूलर**—पीपल जाति का एक पेड; **पलाश**—टेसू का पेड; **महुआ**—एक प्रसिद्ध वृक्ष; **कछार**—नदी तट की भूमि; **रूह**—हृदय, आत्मा; **अकड़ना**—ऐंठना; **बिरवा**—पौधा; **बौना**—लम्बाई में बहुत छोटा; **मिजाज**—आदत; **बासी माला**—मुरझायी माला; **जूड़ा**—बालों का बँधा हुआ समूह; **जूठा**—खाने के बाद छोड़ा हुआ भोजन; **बे-खटके**—बिना किसी रुकावट के; **नाहक**—व्यर्थ; **मेहराब**—दरवाज़े के ऊपर बना गोलाकार हिस्सा; **दोना**—पत्ते का बना हुआ कटोरेनुमा बर्तन; **जान मारू**—प्राणघातक।

उदय प्रकाश

जन्म : 1952, मध्य प्रदेश के शहडोल (अब अनूपपुर) ज़िले के गाँव सीतापुर में।

शिक्षा : सागर वि.वि. सागर और जवाहरलाल नेहरू विश्वविद्यालय, नयी दिल्ली में।

कार्य : जवाहरलाल नेहरू विश्वविद्यालय और इसके मणिपुर केन्द्र में लगभग चार वर्ष तक अध्यापन। संस्कृति विभाग, मध्य प्रदेश, भोपाल में लगभग दो वर्ष विशेष कर्तव्यस्थ अधिकारी। इसी दौरान 'पूर्वग्रह' का सहायक सम्पादन। नौ वर्षों तक टाइम्स ऑफ़ इंडिया के समाचार पाक्षिक 'दिनमान' के सम्पादकीय विभाग में नौकरी। बीच में एक वर्ष टाइम्स रिसर्च फ़ाउंडेशन के स्कूल ऑफ़ सोशल जर्नलिज्म में अध्यापन। लगभग दो वर्ष पी.टी.आई. (टेलीविज़न) और एक वर्ष इंडिपेंडेंट टेलीविज़न में विचार और पटकथा प्रमुख। कुछ समय 'संडे मेल' में वरिष्ठ सहायक सम्पादक रहे। इन दिनों स्वतन्त्र लेखन तथा फ़िल्म और मीडिया के लिए लेखन।

कृतियाँ : 'सुनो कारीगर', 'अबूतर-कबूतर', 'रात में हारमोनियम, 'एक भाषा हुआ करती है', 'नयी सदी के लिए चयन : पचास कविताएँ' (कविता संग्रह); 'दरियाई घोड़ा', 'तिरिछ', 'और अन्त में प्रार्थना', 'पॉल गोमरा का स्कूटर', 'पीली छतरी वाली लड़की', 'दत्तात्रेय के दुख', 'मोहन दास', 'अरेबा परेबा', 'मैंगोसिल' (कहानी संग्रह); 'ईश्वर की आँख', 'अपनी उनकी बात' और 'नयी सदी का पंचतन्त्र' (निबन्ध, आलोचना)।

अन्य भाषाओं में पुस्तकें : 'Short Shorts Long Shorts', 'Rage Revelry and Romance', 'A Girl with Golden Parasol' (Awarded PEN grant, USA, 2005) (English), 'Goldene Gruentel' (German).

'पीली छतरी वाली लड़की' (उर्दू), 'तिरिछ अणि इतर कथा', 'अरेबा परेबा' (मराठी), 'मोहन दास' कन्नड़ में प्रकाशित, पंजाबी, उड़िया, अंग्रेज़ी में शीघ्र पुस्तकाकार प्रकाश्य।

अनुवाद : 'लाल घास पर नीले घोड़े' (मिखाइल शात्रेव के नाटक का अनुवाद और रूपान्तर), 'कला अनुभव' (प्रो. हरियन्ना की सौन्दर्यशास्त्रीय पुस्तक का अनुवाद), 'इन्दिरा गाँधी की आखिरी लड़ाई' (बी.बी.सी. संवाददाता मार्क टली-सतीश जैकब की किताब का हिन्दी अनुवाद), 'रोम्यां रोलां का भारत' (आंशिक अनुवाद और सम्पादन)।

पुरस्कार : भारत भूषण अग्रवाल पुरस्कार, ओमप्रकाश साहित्य सम्मान, श्रीकान्त वर्मा स्मृति पुरस्कार, मुक्तिबोध पुरस्कार, साहित्यकार सम्मान, हिन्दी अकादेमी, दिल्ली, रामकृष्ण जयदयाल सद्भावना सम्मान, पहल सम्मान, कथाक्रम सम्मान, पुश्किन सम्मान, द्विजदेव सम्मान, साहित्य अकादेमी पुरस्कार।

पाठ-सार : बैरागी आया है गाँव

उदय प्रकाश समकालीन कविता और कहानी को साधने वाले विरले लेखकों में हैं। इनकी कहानी में औपन्यासिक विस्तार मिलता है तो कविता में महाकाव्यात्मक औदात्य के दर्शन होते हैं। प्रस्तुत कविता 'बैरागी' के बहाने भारतीय ग्रामीण, किसान, जीवन का महाआख्यान प्रस्तुत करती है।

दस साल बाद 'बैरागी' अपने गाँव लौटा है तो वहाँ क्या-क्या स्थितियाँ बनती हैं उन्हीं का चित्रण इस कविता में किया गया है। 'बैरागी' वास्तव में कवि-दृष्टि लगती है। कवि बैरागी के माध्यम ये कहता है कि यहाँ इस जगह जहाँ दूर-दूर तक जीवन का आधार जल ही नहीं वहाँ कब तक ठहरे हम? हर तरफ लू और अंगार दहक रहे हैं, जैसे हड्डियाँ भी जला दी गयी हों। खेतों में बीमार बूढ़े बैल गर्क हो रहे हैं। यहाँ हर तरफ संसाधनों का दोहन है। जीवन व प्रकृति ठेकेदारों, सरमयादारों के हवाले है। आम जन के श्रम में सब हिस्सा बँटाने को तैयार हैं, चौधरी, हाकिम, हुक्काम, नेता, मन्त्री, सन्तरी, पुलिस, सेना, ठाकुर ब्राह्मण, देश, विदेश, धर्म, तन्त्र, सत्ता इत्यादि सभी का। सबका पाप भी उसकी आँखों में है।

इस गाँव का एक जोगी देश दुनिया घूमकर दस साल बाद लौटा है। उसे भूख लगी है। और भूख आदमी से क्या कुछ करवा लेती है सभी नृत्य मुद्राएँ रास, महारास पेट में तानपुरा आदि। अलाप जगाते हैं हम इस जोगी के लिए—भूख का।

इस देश में कोई भी स्थान हो, वेद-कुरान हो 'भूख' सबसे बड़ी वास्तविकता है। पूरा नन्द क्षेत्र, मथुरा जो कृष्ण की नगरी है वहाँ भी भूख की मार है।

यहाँ की सुन्दरियाँ भी हड़ियल-मरियल हो गयी हैं।

कवि स्पष्ट संकेत करता है कि—कवित्त की आँख से वह किसान-मजदूर का महाजन, ठाकुर, ब्राह्मण आदि के साथ परम्परागत शोषण देख सकता है। कवि साफ तौर पर उसके भीतर धधकती क्रान्ति ज्वाला को भी देख पा रहा है। पहली बार गाँव के आदमी के भीतर विचार व चेतना ने अंगड़ाई ली है। सैकड़ों साल पुराने आवरण अब झड़ गये हैं। इतिहास का सत्य अब उनके सामने खुल गया है। देश के दूर-दराज के क्षेत्रों में भी लोग शोषकों के खिलाफ प्रतिरोध कर रहे हैं। देशभर में घूमकर यह बैरागी बता रहा है कि किसान, मज़दूर के पसीने, खून, पीड़ा और क्रोध का रंग एक ही है। अब शताब्दियों से सोयी आत्मा क्रोध में अंगड़ाई ले रही है। यह सब कवि गोप-गोपियों से भी कह देंगे ताकि वे और उत्साह से शोषण को समाप्त करने को तत्पर हो जायें।

बैरागी गाँव-गाँव घूमकर क्रान्ति का सन्देश लेकर आया है। वह कहता है कि कलियुग का एक और चरण बीत रहा है। बहनों, बेटियों, बहुओं पर अब अत्याचार नहीं होगा। लोग जागें और तमाम नदियों के किनारे उगने वाले जंगलों को काटकर धनुष-बाण बना लें। धरती का पाप अब समाप्त करना है। 'वर्ग चेतना' की ज्वाला लोगों, पहाड़ों के हृदय में धधक रही है। मुट्ठीभर भाड़े के टट्टुओं की कायर सेना अगर हमारे खिलाफ है तो कोई बात नहीं। हमारे पास भी क्रान्ति तथा क्रान्तिकारियों की परम्परा है। संघर्षों की आग है। बैरागी आया है गाँव में अलख जगाने। परिवर्तन की अलख जगाने।

बैरागी आया है गाँव

इस धरा-धाम में हम
कब तक और ठहरें, भाई?
यहाँ तो दूर-दूर
कोई फल-फूल नहीं, कोई
जलाशय, कोई शीतल मृदु कूप भी नहीं

बस लू है,
जिसकी छाया में अंगार दहकते हैं
लपटें कौंधती हैं
और सूखी हड्डियों के झाँझ-मँजीरे बजाते
बूढ़े उजड़े गाछ हैं

और खेत हैं कि जिनमें
बैलों के पंजर गलते हैं
घाम में लोहाये थके कामगार हैं
जिनके पसीने में
पिस्सू कील केंचुए और जोंक पलते हैं।

खेत हैं, कि सपने, बीज, हल-बैल, घर-परिवार,
सुख-सन्तोष
सब निगल जाते हैं
और तुम हो
तुम हो,

तो तुम भी क्या हो?
आदमी कि पिशाच कि भेड़
कि पाड़ा कि सागौन के सूखे पेड़
जिन पर ठेकेदारों के कुल्हाड़े चल रहे हैं?
कि जतवे के पत्थर
जिन पर सब अपनी
दाल दल रहे हैं

तुम हो क्या
कि एक भयानक हाहाकार
कि एक रुदन कि एक बूढ़ी खामोशी
कि एक बहुत पुरानी मूर्च्छा

तुम्हारी आँखों की जगह पर
खाली कटोरे हैं तुचके-पिचके काँसे के,
जिनमें छाछ है
और छाछ में महाजन का, ठेकेदार का,
चौधरी का, हाकिम का,
हुक्काम का, नेता का,
मन्त्री का, सन्तरी का, पुलिस का,
सेना का, ठाकुर का, बाम्हन का,
देश का,
विदेश का,
धर्म का, तन्त्र का, सत्ता का,
यानी दूसरे-दूसरे लोगों का
पाप थरथराता है

इसी गाँव का
जोगी-जोगड़ा लौटा है
दस साल बाद, शहर-महाशहर,

गाँव-दर-गाँव की
गली-सड़क, धूल-धुआँ छान कर।

बन्धु, एक आध तबेला भात लाओ
पुराने सिरीकमल चावल का
अरहर की दाल
थोड़ी कुड़कुड़िया घी और
अचार आम का
तो हम धन्य हों।

यह भूख भी ससुर अत्यन्त विचित्र वस्तु है
जब लगती है तो उदर में
लंका दहन होने लगता है और हमारी
भभूत-रमी काया
बिरजू महाराज बन कर
ताण्डव नृत्य, भरत नाट्यम, कथकलि, ओडिसी,
कुचिपुडि की सारी मुद्राएँ
आपै आप बनाने लगती है।

तो हम महारास करते हैं
तो धरा पर हमारे पैर थिरकते हैं
तो कानों में डमरू बजने लगता है
तो पेट में तानपूरा
और दिमाग में शंख-घड़ियाल।

हम तभी बजाते हैं ज़ोर-ज़ोर चमीटा
और 'जाग मछन्दर गोरख आया
अलख निरंजन गोरख आया
ओ दुःखभंजन गोरख आया'
का आलाप छेड़ते हैं।

असल में हम तो
भूख को भगाते हैं
पेट को सुलाते हैं।

बन्धु, समझो ज्ञान-पुरान
वेद-कुरान की बातें
यह मथुरा है, यही है गोलोक, दिव्य धाम,
जहाँ तुम्हारा चूल्हा ठण्डा पड़ा है
पतीली औंधी धरी है
और पाँच दिन की भूखी कानी कुतिया
जहाँ सो रही है
पाँच दिन की बुझी राख पर।
यहीं जसोदा माता ने ललाजी को
दधि-भोग कराया था
उनके कमल जैसे गालों पर माखन चुपड़ा था
और जहाँ तुम्हारी मेहरारू का पेट
बिना अन्न के भी फूला है
और यह नागिन-सी ऐंठ तड़ रही है

वहीं नन्दलला ने राधिका जी का...
धन्य हो,
धन्य हो...!!
इसी पावन धरती पर ब्रज किशोरियों के...
धन्य हो!
धन्य हो...!!
और यह टूटा-फूटा आँगना
धँसता-ढहता ओसार
यह दस जगह से खुली-उधड़ी परछी
यहीं पर द्वारकाधीश
अजर बिहारी बनवारी ने
अपने निर्गुन प्रेम का जादू भर कर

बाँसुरी वादन किया था, जिसे सुनकर
गाँव की गोपिकाएँ
नाचती, कूदती, हाँफती, झूमती आयी थीं
और यहीं पर
प्रभु का 'पुण्य-प्रसाद' पाया था।
यह भारतखण्ड
यह गोलोक, यह केलिधाम,
यह महारास भूमि, यह ब्रज का पावन प्रदेश
यहाँ सुन्दरियाँ हडियल-मरियल क्यों
दृष्टिगोचर होती हैं?

जल-विहार नहीं करतीं ये गोपिकाएँ?
इनके पद-प्रहार से
क्या पुष्पित नहीं हो जाते अशोक के पेड़
क्या इनकी आँखों को देख-देख
निर्द्वन्द्व घूमती हिरनियाँ
लज्जा से अपनी-अपनी आँखें नहीं मूँद लेतीं?

अहा, तात
हमें किसी विरहिणी से तो मिलाओ
यमुना तट वाले कदम्ब तले जो
गये साल के भादों से आज तलक
लगातार खड़ी हो
और छैलबिहारी—प्रभु वनवारी के वियोग में
जिसके अश्रु ढुलक-ढुलक कर
यमुना के मीठे जल को खारा कर रहे हों।

भाई गुस्सा क्यों होते हो?
तुम्हें भरोसा नहीं धरम की बातों पर,
मरम की बातों पर चरम परम की
बातों पर?

हम जानते हैं वत्स,
भरोसा तो है, पर
फ़ुरसत नहीं तुम्हें।
हम जानते हैं कि तुम्हें अभी
परधान का खेत निराना है, ठाकुर के
गोरू चराने हैं, पटवारी का चौखट बनाना है,
पण्डिज्जी की रसोई के लिए
लकड़ी चीरना है, पटेल का हल चलाना है,
तकादे में आए महाजन के
कारिन्दे को फिर से टरकाना है।
वत्स, सुनो
हम तुम्हारे भीतर की दुनिया को
देख सकते हैं, साफ़-साफ़
अपनी कवित्त की आँख से।

जानते हैं कि
कि तुम्हारी छाती के भीतर
पहली बार गुस्से की आग अब धधकी है,
पहली बार तुम्हारी मुट्ठियाँ
कुल्हाड़े पर अब कसी हैं,
पहली बार तुम्हारी आँखों के पीछे
तेन्दुए की लौक झलकी है,
पहली बार तुम्हारी नसों में बाघ का बनेला
खून दौड़ा है।

पहली बार तुम्हारे
पखेरुओं जैसे भोले-भाले दिमाग ने
दूर-दूर तक सोचा-विचारा है
अपना भला-बुरा, हित-अहित सोचा है।

पहली बार
सैकड़ों साल पुराने बरगद की

पत्तियों से उतरकर आयी हैं
तुम्हारे पुरखों की आत्माएँ
और उन्होंने इतिहास का सत्य
तुम्हारे सामने खोला है।

जानते हैं हम
कि पहली बार बंगाल से भोजपुर तक
कश्मीर से कन्याकुमारी तक
मुशहरी से राजहरा तक
मथुरा-वृन्दावन से बदरीधाम तक
भिवंडी से त्रिवेन्द्रम तक
इम्फाल से छतीसगढ़ तक
तुम्हारी आँखों का रंग बदला है।
तुमने एक साथ
कंस के पूतों-पोतों-पड़पोतों को
पहचाना है।

देख आए हैं हम
कि जिरीबाम से श्रीकाकुलम,
बरौनी से फ़रीदाबाद,
जलपाईगुड़ी से चिरमरी,
भिलाई-दुर्ग से जमशेदपुर-धनबाद तक,
देश के एक कोने से दूसरे कोने तक
बिहार से केरल
केरल से त्रिपुरा
त्रिपुरा से बंगाल
तिरुपति से कैलास तक

तुम्हारे पसीने, तुम्हारे खून,
तुम्हारी पीड़ा, तुम्हारे क्रोध का
रंग एक है।

पहली बार
बरसों-शताब्दियों से सोई
तुम्हारी आत्मा के
क्रोध ने अँगड़ाई ली है।
भाई, सुनो
हम ठहरे रमते जोगी बहते पानी,
झाँक-करताल बजा-बजा कर
कवित्त-कीर्तन बना-बना कर
रोज़ी रोटी कमाते
पेट भरते गवैये।

हम जा कर कहेंगे
ठूँठ गाछों से
कि वे हरे हो जाएँ
मधुर फलों और कोमल शिशु कोंपलों से
लद जाएँ।

जा कर कहेंगे
गोप-गोपियों से
कि वे पुष्ट और प्रसन्न हो जाएँ।
शिशुओं से
कि वे रोटी-भात खा कर भी
लट्टू नचाएँ
कालियादह पर गेंद खेलें
पृथ्वी को गिल्ली बना लें
आकाशगंगा को डण्डा
समुद्र को मैदान
और खेंले।

खेलें कोबरो-करैतों से भरे इस
घटाटोप जंगल में।

खेलें निर्भय इन विषधरों के
हज़ार-हज़ार फनों पर
अपनी दूध-सी कोमल और उजली
पगथलियाँ पटक कर

खेलें,
खेलें कि उनके
खेलने-खाने के दिन हैं ये।

गाएँगे हम कि
गउओं के थन
स्वादिष्ट और पौष्टिक दूध से
भारी हो जाएँ
बछड़े अपनी रम्भाहटों की
तुरही बजा दें
खेत मोटे-मोटे
गूदेदार अन्न से
अँट जाएँ।

जा कर कहेंगें गाँव-गाँव,
शहर-शहर, ओर-छोर कि बैरागी आया इस बार
सन्देश ले कर
कि सब-के-सब तैयार हो जाएँ।

कि बीत रहा है
कलियुग का एक और चरण,
कि ढह रहा है
काल का एक और कठिन कगार,
कि पछाड़ें मार रहा है
दबी हुई जाति का एक विराट सागर।
जा कर कहेंगे बहुओं से

बहनों से, बेटियों से,
कि वे भयभीत न हों,
रोज़-रोज़ के अत्याचारों से
बागपत, बेलछी, शिवरामपुर, खरखेड़ा और
तमाम कई नामों से,
आसूँ न बहायें
कातर न हों

कहेंगे कि वे जागें और
सरजू, गंगा, जमुना, कोसी, बागमती,
सोन, नर्मदा, ब्रह्मपुत्र, केन, बेतवा, टमस और ताप्ती
के तटों पर उगे बाँस और कठई के
घने-गझिन जंगलों को काट कर
धनुष-बाण बनाएँ
और चण्डी बन जायें
चामुण्डा बन जायें, काली-महाकाली
भैरवी बन जायें
अजिता बन जायें।

बैरागी आया है गाँव
पाप से लदी हुई धरती दरक रही है।
हज़ारों-लाखों सालों से चुप खड़े
पहाड़ों के भीतर
उनके कलेजे में, उनके फेफड़े में,
उनके हृदय में
जाग रही है वर्ग-चेतना की
नई ज्वालामुखी।
हर चट्टान के गर्भ में
गाने लगी हैं
मुक्ति की चिड़ियाँ
एक नया पद।

पेड़ चढ़ने लगे हैं
निराला, नेरूदा, नज़रुल, नागार्जुन, नाज़िम,
नेटो और सुकान्त के
अजर-अमर छन्द।

जाग मछन्दर
बैरागी आया है गाँव।
अलख निरंजन
बैरागी आया है गाँव।
जै दुःखभंजन
बैरागी आया है गाँव
बैरागी आया है गाँव
क्या होता है अगर
बाहर बची-खुची
मुट्ठी-भर
भाड़े के टट्टुओं की
कायर सेना
महारे ख़िलाफ़ है!

शब्दार्थ

धरा—पृथ्वी; **जलाशय**—तालाब; **साँझ-मँजीरे**—वाद्ययन्त्र; **पंजर**—ढाँचा; **घाम**—धूप; **महारास**—महानृत्य; **चमीटा**—चिमटा; **निर्गुन**—निर्गुण; **गोलोक**—स्वर्ग; **हडियल-मरियल**—दुबली-पतली; **परधान**—प्रधान; **गोरू**—मवेशी; **रम्भाहटों**—रँभाना; **घने-गझिन**—बीहड़, घने जंगल।

कुँवर नारायण

ज्ञानपीठ तथा पद्मभूषण पुरस्कार प्राप्त कवि कुँवर नारायण जी 'तीसरा सप्तक' के कवि रहे हैं। उन्होंने न केवल हिन्दी कविता में बल्कि भारतीय साहित्य में अपनी एक सशक्त और अमिट छाप छोड़ी है। 'तीसरा सप्तक' का प्रकाशन नयी कविता का प्रतिनिधित्व करता है। यह कविता विभिन्न नारों, आन्दोलनों, वादों से परे रहकर अपनी नयी पहचान बनाने में सफल है। इस सप्तक के कवि 'प्रदर्शनवाद, सस्ती भावुकता, मसीहाई अन्दाज, नयी ज़मीन गोड़ने का दावा' नहीं करते। अधिकांश कवि अन्वेषी हैं।

कुँवर नारायण का जन्म 19 सितम्बर 1927 में उत्तरप्रदेश के फैजाबाद जिले के सम्भ्रान्त कुल में हुआ। उन्होंने अंग्रेज़ी में एम.ए. किया। उनकी प्रारम्भिक कविताएँ अंग्रेज़ी में हैं। आपने 'युगचेतना', 'नया प्रतीक', 'छायानट' पत्रिकाओं का सम्पादन किया है। आप लखनऊ के 'भारतेन्दु नाट्य केन्द्र' के अध्यक्ष तथा उत्तरप्रदेश संगीत नाटक अकादमी के उपाध्यक्ष रह चुके हैं। आपकी शिक्षा लखनऊ में विज्ञान-विषय में इंटर तक हुई। बाद में अंग्रेज़ी में एम.ए. किया। बचपन से ही पढ़ना और घूमना ये दो शौक रहे।

साहित्य कृतियाँ–चक्रव्यूह (1956), तीसरा सप्तक (1959) संकलन में, परिवेश हम और तुम (1961), आत्मजयी, अपने सामने (1979), कोई दूसरा नहीं (1993), हाशिए का गवाह।

प्रबन्ध काव्य–आत्मजयी (1965), वाजश्रवा के बहाने।

कहानी संग्रह–आकारों के आसपास (1972)।

समीक्षा–आज और आज से पहले (1998), मेरे साक्षात्कार।

पुरस्कार–'कोई दूसरा नहीं' पुस्तक के लिए साहित्य अकादमी पुरस्कार, व्यास सम्मान, भवानीप्रसाद मिश्र पुरस्कार, भारतीय भाषा परिषद का 'शतदल' पुरस्कार।

उत्तर प्रदेश हिन्दी संस्थान का 'लोहिया सम्मान', मध्यप्रदेश सरकार का राष्ट्रीय 'कबीर सम्मान'।

पाठ-सार : एक यात्रा के दौरान

जीवन जगत में कवि और साधारण इनसान का दृष्टिकोण अलग-अलग होता है। यह बात प्रस्तुत कविता में दिखायी पड़ती है। 'एक यात्रा के दौरान' कवि अपने आसपास के लोगों और घटनाओं को किस प्रकार देखता और समझता है उसी की दार्शनिक प्रस्तुति यहाँ दी गयी है।

कवि रेल को जैसे खुद पर रेंगते पाता है। दूर दराज के क्षेत्र तथा रेल यात्रियों के चेहरों को देखता है तो पाता है कि जनता और सरकार, उसूल और व्यवहार, सम्पत्ति और विपत्ति, गति और प्रगति के बीच जैसे बहुत बड़ा फासला है। कुछ अन्य तरह की नजदीकियाँ तंग करती हैं जो आदमी को और ज्यादा मजबूर बनाती हैं। ट्रेन जिन छोटे-छोटे स्टेशनों से गुजरती है गरीबी का सागर फैला हुआ है। कवि बार-बार यात्राओं पर निकलता है। देश के रॉकेट तो चाँद पर पहुँच गये हैं परन्तु कवि गरीब लोगों को भी चाँद पर पहुँचाना चाहता है। हम दावा करते हैं अपने परम्परागत ज्ञान पर, दैवीय विमान पर परतु आज देश जमीन पर पड़ा हुआ रेंग रहा है। इस यात्रा में जीवन और मृत्यु के बीच कवि तीसरी सम्भावना पर विचार कर रहा है। भविष्य के प्रति आश्वस्त होना। वास्तव में हम निश्चिंत होना चाहते हैं परन्तु आशंकित हैं। लोग इस यात्रा में अलग अलग भाव स्थितियों से भरे हुए हैं। सारा देश यात्रामय है किन्तु वे पाँव किसके हैं? जन-साधारण के? गहरे सवाल यहाँ बार-बार उठ रहे हैं। ट्रेन लगातार रुकती-चलती रहती है। लोग भी नये-नये आते-जाते हैं। अपने घर को छोड़कर लेखक जा रहा है। हो सकता है आगे लोग कवि को लेने न आ पायें।

कवि जिस स्टेशन पर उतरा वहाँ उसे लेने कुछ लोग आये हैं, परन्तु वह उनको नहीं जानता।

ठीक उसी तरह जिस तरह उसे कुछ जानने वाले लोग छोड़ने आये थे। अपने साथ ट्रेन में सफर कर रहे एक बच्चे और स्त्री के प्रति कवि चिन्तित है। उनकी आँखों में भी किसी के आने का भाव तथा कवि के प्रति कृतज्ञता भरी हुई है। यह कविता जीवन-यात्रा को दार्शनिक प्रस्तुति करती है।

एक यात्रा के दौरान

1

सफ़र से पहले अकसर
रेल-सी लम्बी एक सरसराहट
मेरी रीढ़ पर रेंग जाया करती है।

याद आने लगते कुछ बढ़ते फ़ासले–
जैसे जनता और सरकार के बीच,
जैसे उसूलों और व्यवहार के बीच,
जैसे सम्पत्ति और विपत्ति के बीच,
जैसे गति और प्रगति के बीच

घेरने लगतीं कुछ असह्य नज़दीकियाँ–

जैसे दृढ़ता और विचलन के बीच,
जैसे तेज़ी और फिसलन के बीच,
जैसे सफ़ाई और गन्दगी के बीच
जैसे मौत और ज़िन्दगी के बीच।

याद आते छोटे-छोटे स्टेशनों पर फैले
बीमार रोशनी के मैले मरियल उजाले,
गाड़ी छूटने का बौखलाहट-भरा वक़्त,
आरक्षण-चार्ट की अन्तिम कार्बन-कापी,
याद आती ट्रेन के इस छोर से उस छोर तक

बदहवास दौड़ती जनता अपने बीवी, बच्चों,
सामान, कुली और जेब को एक साथ सँभाले...

2

सुबह चार बजे मुझे एक ट्रेन पकड़नी है।
मुझे एक यात्रा पर जाना है।
मुझे काम पर जाना है।

मुझे कहाँ जाना है
दशरथ की पत्नियों के प्रपंच से बच कर?
मुझे तरह-तरह के कामों के पीछे
कहाँ कहाँ जाना है?
कहाँ नहीं जाना है?

3

एक गहरे विवाद में
फँस गया है मेरा कर्तव्य-बोध :

ट्रेन ही नहीं एक रॉकेट भी
पकड़ना है मुझे अन्तरिक्ष के लिए
ताकि एक डब्बे में ठसाठस भरा
मेरा ग़रीब देश भी
कह सके सगर्व कि देखो
हम एक साधारण आदमी भी
पहुँचा दिये गये चाँद पर

पृथ्वी के आकर्षण के विरुद्ध
आकाश की ओर ले जानेवाले ज्ञान के
हम आदिम आचार्य हैं।
न जाने कितनी बार उतरे हैं
हमारी पवित्र धरती पर

आमन्त्रित देवताओं के विमान :
न जाने कितनी बार हमने
स्थापित किए हैं गगनचुम्बी ऊँचाइयों के कीर्तिमान!

पर आज
गृहदशा और ग्रहदशा दोनों
कुछ ऐसे प्रतिकूल
कि सातों दिन दिशाशूल :
करते प्रस्थान
रख कर हथेली पर जान :
चलते ज़मीन पर देखते आसमान,
काल-तत्व खींचातान : एक आँख
हाथ की घड़ी पर
दूसरी आँख संकट की घड़ी पर।
न पकड़ से छूटता पुराना सामान,
न पकड़ में आता छूटता वर्तमान।

4

...घटनाचक्र की तरह घूमते पहिये :
वह भी एक नाटकीय प्रवेश होता है
चलती ट्रेन पकड़ते वक़्त, जब एक पाँव
छूटती ट्रेन पर और दूसरा
छूटते प्लेटफ़ार्म पर होता है
सरकते साँप-सी एक गति
दो क़दमों के बीच की फ़िसलती जगह में,
जब मौत को एक ही झटके में लाँघ कर
हम डब्बे में निरापद हो जाना चाहते हैं :

वह एक नया शुभारम्भ होता है किसी यात्रा का
भागती ट्रेन में दोनों पाँव जब
एक ही समय में एक ही जगह होते हैं,
जब कोई ख़तरा नहीं नज़र आता

दो गतियों के बीच एक तीसरी सम्भावना का।
भविष्य के प्रति आश्वस्त
एक बार फिर जब हम
दुश्चिन्तामुक्त समय में—स्थिर चित्त—
केवल जेब में रक्खे टिकट को सोचते हैं,
उसके या अपने कहीं गिर जाने को नहीं।

5

कभी-कभी दूसरों का साथ होना मात्र
हमें कृतज्ञ करता
दूसरों के साथ होने मात्र के प्रति,
किसी का सीट बराबर जगह दे देना भी
हमें विश्वास दिलाता कि दुनिया बहुत बड़ी है,
जब अटैची पर एक हल्की-सी पकड़ भी
ज़िन्दगी पर पकड़ मालूम होती है,
और दूसरों के लिए चिन्ता
अपने लिए चिन्ताओं से मुक्ति...

6

कुछ आवाज़ें।
कोई किसी को लेने आया है।

कुछ और आवाज़ें।
कोई किसी को छोड़ने आया है।
किसी का कुछ छूट गया है।
छूटते स्टेशन पर
छूटे वक़्त की हड़बड़ी में।

अब एक बज रहा स्टेशन की घड़ी में।

7

क्यों किसी की सन्दूक का कोना
अचानक मेरी पिण्डली में गड़ने लगा?

क्यों मेरे सिर के ठीक ऊपर टिका
गिरने-गिरने को वह बिस्तर अखरने लगा?
कौन हैं वे?
क्यों मेरी चिन्ताओं का एक कोना
उनसे भरने लगा?

मेरी एक ओर बैठा वह
विक्षिप्त-सा युवक,
मेरी दूसरी ओर वह चिन्तित स्त्री,
अपने बच्चे को छाती से चिपकाये
दोनों के बीच मैं कौन हूँ—
केवल एक आरक्षित जगह का दावेदार?
वह स्त्री और वह बच्चा

क्यों नहीं दो मनुष्यों के बीच
एक पूर्णतः सुरक्षित संसार?

क्यों वह निरन्तर आने-जाने का क्रम
अनाश्वस्त करता—
और उस पूरी व्यवस्था को ध्वस्त
जिसे हम किसी तरह
दो स्टेशनों के बीच मान लेते हैं?
जो अनायास मिलता और छूट जाता
क्यों ऐसा
मानो कुछ बनता और टूट जाता?

8

शायद मैं ऊँघ कर
लुढ़क गया था एक स्वप्न में—

एक प्राचीन शिलालेख के अधमिटे अक्षर
पढ़ते हुए चकित हूँ कि इतना सब समय

कैसे समा गया दो ही तारीख़ों के बीच!
कैसे अट गया एक ही पट पर
एक जन्म
एक विवरण
एक मृत्यु
और वह एक उपदेश-से दिखते
अमूर्त अछोर आकाश का अटूट विस्तार
जिसमें न कहीं किसी तरफ़
ले जाते रास्ते
न कहीं किसी तरफ़ बुलाते संकेत,
केवल एक अदृश्य हाथ
अपने ही लिखे को कभी कहता स्वप्न
कभी कहता संसार...

अचानक वह ट्रेन जिसमें रखा हुआ था मैं
एक खिलौने की तरह छोटी हो गयी,
और एक बच्चे की हथेलियाँ इतनी बड़ी
कि उस पर रेल-रेल खेलने लगे फ़ासले
बना कर छोटे-बड़े घर, पहाड़, मैदान, नदी, नाले...
उसकी कलाई में बँधी पृथ्वी
अकस्मात् बज उठी जैसे घुंघरू
रेल की सीटी...

9

शायद उसी वक़्त मैंने
गिरते देखा था ट्रेन से दो पाँवों को
और चौंक कर उठ बैठा था।
पैताने दो पाँव—
क्यों हैं यहाँ? क्या करूँ इनका?

सोचा रात है अभी,
सुबह उतार लूँगा इन्हें

अपने सामान के साथ।
सुबह हुई तो देखा
कन्धों पर ढो रहे थे मुझे
किसी और के पाँव।
हफ़्ते...महीने...साल...
बीत गये पल भर में,
"पिता? तुम? यहाँ?"

"मुझे चाहिए मेरे पाँव,...वापस करो उन्हें।"
"नहीं, वे मेरे हैं : मैं
उन पर आश्रित हूँ–
और मेरा परिवार :
मैं उन्हें नहीं दे सकता तुम्हें!"

वे हँसने लगे, एक बेजान असंगत हँसी।
कभी-कभी किसी विषम घड़ी में हम
जी डालते हैं एक पूरा जीवन–एक पूरी मृत्यु–
एक पूरा सन्देह कि कौन चल रहा है
किसके पाँवों पर?

10

नींद खुल गयी थी
शायद किसी बच्चे के रोने से
या किसी माँ के परेशान होने से
या किसी के अपनी जगह से उठने से
या ट्रेन की गति के धीमी पड़ने से
या शायद उस हड़कम्प से जो
स्टेशन पास आने पर मचता है...

बाहर अँधेरा।
भीतर इतना सब

एक मामूली-सी रोशनी में भी जगमग
जागता और जगाता हुआ।
एक छोटा-सा प्लेटफ़ार्म सरक कर पास आता
सुबह की रोशनी में,
डब्बे में चढ़ते उतरते लोगों का ताँता

कोई जगह ख़ाली करता
कोई जगह बनाता।

11

बाहर किसी घसीट लिखावट में
लिखे गये परिचित यात्रा-वृत्तान्त के
फरफराते दृश्यों को बिना पढ़े
पन्नों पर पन्ने उलटती चली जाती रफ़्तार :
विवरण कहीं-कहीं रोचक
प्लॉट अव्यवस्थित, उथले विचार, उबाऊ विस्तार!

भीतर एक डब्बे में खचाखच भरा
एक टुकड़ा भारतीय समाज
मानो कहानियों, फ़िल्मों, कॉमिक्स, अख़बार आदि से
लेकर बनाये गये चरित्रों का कोलाज।

12

यहाँ और वहाँ के बीच
कहीं किसी उजाड़ जगह
अनिश्चित काल के लिए
खड़ी हो गयी है ट्रेन।
दूर तक फैली ऊबड़-खाबड़ पहाड़ियाँ,
जगह-जगह टेसू और बबूल की झाड़ियाँ,
काँस और जंगली घास के झाड़-झँखाड़,
जहाँ तहाँ बरसाती पानी के तलाब...

वह सब जो चल रहा था
अचानक अकारण असमय कहीं रुक गया है
आशंका और उतावली के किसी असह्य बिन्दु पर।

कुछ हुआ है जो नहीं होना चाहिए था
जो अकसर होता रहता है जीवन में।
कौन थे वे जो होकर भी नहीं होते?
ऐसा क्यों हुआ? वैसा क्यों नहीं हुआ
जैसा होना चाहिए था?
सवालों के एक उफान के बाद
अलग-अलग अनुमानों में निथर कर
बैठ गयी हैं उत्सुकताएँ।

फिर चल पड़ती है ट्रेन एक धक्के से
घसीटी हुई अपने साथ
उस शेष को भी जो घटित होगा
कुछ समय बाद
कहीं और
किसी अन्य यहाँ और वहाँ के बीच।

13

धीमी पड़ती चाल।
अगले ठहराव पर
उतर जाना है मुझे।
एक सिहरन-सी दौड़ जाती नसों में।

पहली बार वहाँ जा रहा हूँ।
हो सकता है कोई लेने आये, या कोई नहीं;
केवल एक सपाट प्लेटफ़ार्म मिले,
बर्फ़ीली ठण्डक, अँधेरे और अनिश्चय का

घना कोहरा : इतनी रात गये
एक बिल्कुल नयी जगह से नयी तरह
सम्बन्ध बनाता हुआ एक अजनबी।

एक ख़ामोश-सी तैयारी है मेरे आसपास
जैसे यह मेरा घर था
और अब मैं उसे छोड़कर कहीं और जा रहा हूँ।

14

कुछ लोग मुझे लेने आये हैं।
मैं उन्हें नहीं जानता :
जैसे कुछ लोग मुझे छोड़ने आये थे
जिन्हें मैं जानता था।

ट्रेन जा चुकी है
ट्रेन अस्थायी भाग-दौड़ और अव्यवस्था के बाद
प्लेटफ़ॉर्म फिर एक सन्नाटे में जम गया है।

15

आश्चर्य! वह स्त्री और बच्चा भी
अकेले खड़े हैं उधर।
क्या मैं कुछ कर सकता हूँ उनके लिए?
स्त्री मुझे निरीह आँखों से देखती है—
"वो आते होंगे, मेरे लिए भी..."
कुछ दूर चल कर
ठहर गया हूँ—
उसके लिए?
या अपने लिए?
देखता हूँ उसकी आँखों में
जो घर आयी थी एक दुश्चिन्ता-सी
एक सरल कृतज्ञता में बदल जाती।

शब्दार्थ

दौरान—समय; **उसूल**—सिद्धान्त, मत; **मरियल**—कमजोर; **बौखलाहट**—क्रोध, पागलपन; **आरक्षण चार्ट**—रिज़र्वेशन चार्ट; **छोर**—किनारा; **बदहवास**—बिना होश के; **कीर्तिमान**—यशस्वी; **गृह**—घर; **ग्रह**—सौर मण्डल के प्रधान पिंड; **दिशाशूल**—ज्योतिष के अनुसार वह दिन या योग जब किसी विशिष्ट दिशा में जाना निषिद्ध हो; **खींच-तान**—खींचा-खींची, नोक-झोंक; **निरापद**—जिसको कोई भय न हो; **हड़बड़ी**—जल्दबाज़ी; **पिण्डली**—घुटने के नीचे का मांसल भाग; **अखरना**—बुरा लगना; **विक्षिप्त**—पागल; **दावेदार**—हक जताने वाला; **ऊँघना**—नींद में झूमना; **लुढ़क जाना**—गोला-गोला गिरना; **अट जाना**—फँस जाना, पूरा पड़ना; **पैताना**—पलंग या बिस्तर का वह भाग जिसकी आरे पैर किये जाते हैं; **सरकना**—खिसकना; **ताता लगना**—एक के बाद एक का इस तरह आना कि पंक्ति भंग न हो; **अछोर**—जिसका छोर न हो; **हड़कंप**—आतंक; **फरफराना**—पंख आदि को इस प्रकार हिलाना कि उससे 'फड़-फड़' शब्द उत्पन्न हो; **टेसू**—पलाश; **बबूल**—एक प्रसिद्ध कँटीला पेड; **काँस**—एक प्रकार की घास; **निथरना**—पानी या किसी तरल पदार्थ का स्थिर होना जिससे उसमें घुली मैल आदि नीचे बैठ जाये।

□□